Badnal Veera Jyothi
Lagisetty Suresh Kumar

Fundamentos da tecnologia blockchain

Badnal Veera Jyothi
Lagisetty Suresh Kumar

Fundamentos da tecnologia blockchain

ScienciaScripts

Imprint

Any brand names and product names mentioned in this book are subject to trademark, brand or patent protection and are trademarks or registered trademarks of their respective holders. The use of brand names, product names, common names, trade names, product descriptions etc. even without a particular marking in this work is in no way to be construed to mean that such names may be regarded as unrestricted in respect of trademark and brand protection legislation and could thus be used by anyone.

Cover image: www.ingimage.com

This book is a translation from the original published under ISBN 978-620-7-46632-0.

Publisher:
Sciencia Scripts
is a trademark of
Dodo Books Indian Ocean Ltd. and OmniScriptum S.R.L publishing group

120 High Road, East Finchley, London, N2 9ED, United Kingdom
Str. Armeneasca 28/1, office 1, Chisinau MD-2012, Republic of Moldova, Europe
Printed at: see last page
ISBN: 978-620-7-66334-7

PREFÁCIO

A cadeia de blocos é uma série ou cadeia segura de registos de carimbo de data/hora armazenados numa base de dados que um grupo de utilizadores faz parte de uma rede descentralizada. A cadeia de blocos é um livro-razão descentralizado ou distribuído em que cada nó da rede tem acesso aos dados ou registos armazenados numa cadeia de blocos. A encriptação de todos os registos de dados importantes na cadeia de blocos é efectuada utilizando técnicas criptográficas. Isto garante a segurança dos dados na cadeia de blocos.

Índice

RECONHECIMENTO

GOSTARIA DE DEIXAR REGISTADO O MEU SINCERO APREÇO PELA VALIOSA CONTRIBUIÇÃO DADA POR TODOS OS COLEGAS DA CBIT. A SUA PRESENÇA CONNOSCO AJUDOU A DAR UMA FORMA FINAL AO PROJECTO DE DOCUMENTO. NÃO ESTARIA A CUMPRIR O MEU DEVER SE NÃO RECONHECESSE COM GRATIDÃO O INESTIMÁVEL APOIO PRESTADO PELO DIRECTOR E PELO CONSELHO DE ADMINISTRAÇÃO DO CBIT. O APOIO PRESTADO PELOS INVESTIGADORES ASSOCIADOS SENIORES LIGADOS À EQUIPA DO LIVRO DE FONTES E POR OUTRO PESSOAL DE APOIO DO DEPARTAMENTO É DIGNO DE APREÇO, POIS CONSTITUIU UM GRUPO MUITO COESO DURANTE TODO O EXERCÍCIO. ESTE DOCUMENTO É UM RASCUNHO PARA DISCUSSÃO E EXPERIMENTAÇÃO E, POR ISSO, SERÃO FEITOS APERFEIÇOAMENTOS E MODIFICAÇÕES COM BASE NO FEEDBACK RECEBIDO DOS PROFESSORES E DE TODOS OS INTERESSADOS DO TERRENO.

CAPÍTULO 1: INTRODUÇÃO À TECNOLOGIA BLOCKCHAIN

Blockchain pode ser uma estrutura de dados que pode ser uma lista crescente de blocos de informação. A unidade de área de blocos de conhecimento é acoplada, tais blocos recentes não podem ser removidos ou alterados. Blockchain é a tecnologia de base da criptomoeda digital BitCoin. A blockchain é uma base de dados distribuída de registos de todas as transacções ou eventos digitais que foram executados e partilhados entre as partes participantes. Cada transação é verificada pela maioria dos participantes do sistema. Contém todos os registos de cada transação. A Bitcoin é a moeda criptográfica mais popular e é um exemplo de cadeia de blocos. A tecnologia de cadeia de blocos surgiu pela primeira vez quando uma pessoa ou um grupo de pessoas chamado "Satoshi Nakamoto" publicou um livro branco sobre "BitCoin: Um sistema de dinheiro eletrónico peer-to-peer" em 2008. A tecnologia Blockchain regista as transacções num livro de registos digital que é distribuído pela rede, tornando-o assim incorruptível. Qualquer coisa de valor, como bens imobiliários, automóveis, etc., pode ser registada na Blockchain como uma transação.

I. Como funciona a tecnologia Blockchain?

Uma das mais famosas utilizações da cadeia de blocos é a Bitcoin. A Bitcoin é uma moeda criptográfica e é utilizada para trocar activos digitais em linha. A Bitcoin utiliza provas criptográficas em vez da confiança de terceiros para que duas partes executem transacções através da Internet. Cada transação é protegida por uma assinatura digital.

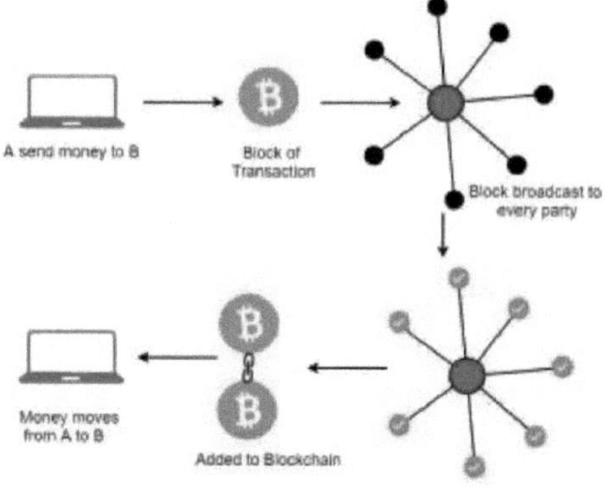

Representação sistemática do funcionamento das BCT

Base de dados distribuída: Não existe um servidor ou sistema central que mantenha os dados da Blockchain. Os dados são distribuídos por milhões de computadores em todo o mundo que estão ligados à Blockchain. Este sistema permite a autenticação dos dados, uma vez que estes estão presentes em todos os nós e são verificáveis publicamente.

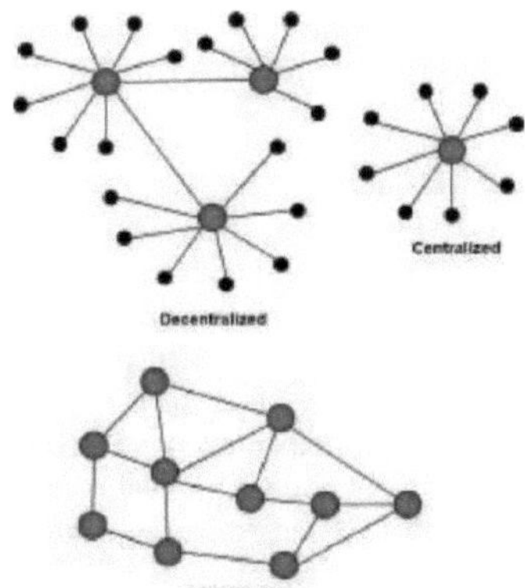

Base de dados descentralizada, centralizada e distribuída

Uma rede de nós: Um nó é um computador ligado à rede Blockchain. O nó liga-se à Blockchain utilizando o cliente. O cliente ajuda a validar e a propagar as transacções na Blockchain. Quando um computador se liga à Blockchain, uma cópia dos dados da Blockchain é descarregada para o sistema e o nó entra em sincronia com o último bloco de dados da Blockchain. O nó ligado à Blockchain que ajuda na execução de uma transação em troca de um incentivo é chamado de Miners.

Desvantagens do atual sistema de transacções:

- O dinheiro só pode ser utilizado em transacções de baixo montante a nível local.
- Grande tempo de espera no processamento das transacções.
- A necessidade de recorrer a terceiros para a verificação e execução da transação torna o processo complexo.
- Se o servidor central, como os bancos, for comprometido, todo o sistema é afetado, incluindo os participantes.
- A organização que efectua a validação cobra um preço elevado pelo processo, tornando-o assim dispendioso.

Criar confiança com a cadeia de blocos: A cadeia de blocos aumenta a confiança numa rede de negócios. Não é que não possa confiar naqueles com quem faz negócios, mas sim que não precisa de o fazer quando opera numa rede Blockchain. A cadeia de blocos cria confiança através dos cinco atributos seguintes:

- **Distribuído:** O livro-razão distribuído é partilhado e atualizado com cada transação recebida entre os nós ligados à Blockchain. Tudo isto é feito em tempo real, uma vez que não existe um servidor central que controle os dados.
- **Seguro:** Não há acesso não autorizado ao Blockchain, o que é possível através de permissões e criptografia.
- **Transparente:** Como cada nó ou participante na Blockchain tem uma cópia dos dados da Blockchain, tem acesso a todos os dados da transação. Eles próprios podem verificar as identidades sem a necessidade de mediadores.
- **Baseado em consenso:** Todos os participantes relevantes da rede devem concordar que uma transação é válida. Isto é conseguido através da utilização de algoritmos de consenso.

- **Flexível:** Os contratos inteligentes que são executados com base em determinadas condições podem ser escritos na plataforma. A rede Blockchain pode evoluir ao ritmo dos processos empresariais.

Benefícios da tecnologia Blockchain:

- **Poupe tempo:** Não é necessária a verificação da autoridade central para as liquidações, o que torna o processo mais rápido e económico.
- **Poupança de custos:** Uma rede Blockchain reduz as despesas de várias formas. Não necessita de verificação por terceiros. Os participantes podem partilhar os activos diretamente. Os intermediários são reduzidos. Os esforços de transação são minimizados, uma vez que cada participante tem uma cópia do livro-razão partilhado.
- **Segurança mais apertada:** Ninguém pode manipular os dados da Blockchain, uma vez que estes são partilhados entre milhões de participantes. O sistema é seguro contra crimes cibernéticos e fraudes.
- **Colaboração:** Permite que todas as partes interajam diretamente umas com as outras, sem necessidade de negociação com terceiros.
- **Fiabilidade:** A cadeia de blocos certifica e verifica as identidades de todas as partes interessadas. Isto elimina o duplo registo, reduzindo as taxas e acelerando as transacções.

II.   Aplicação da cadeia de blocos

- Empresas líderes da banca de investimento como o Credit Suisse, JP Morgan Chase, Goldman Sachs e Citigroup investiram em Blockchain e estão a fazer experiências para melhorar a experiência bancária e torná-la mais segura.

- Depois do sector bancário, os contabilistas estão a seguir o mesmo caminho. A contabilidade envolve uma grande quantidade de dados, incluindo folhas de cálculo de demonstrações financeiras que contêm muitos dados pessoais e institucionais. Por conseguinte, a contabilidade pode ser associada à cadeia de blocos para rastrear facilmente dados confidenciais e sensíveis e reduzir o erro humano e a fraude. Os especialistas do sector da Deloitte, PwC, KPMG e EY estão a trabalhar e a utilizar proficientemente software baseado em cadeias de blocos.
- A reserva de um voo requer dados sensíveis que vão desde o nome do passageiro, números de cartão de crédito, dados de imigração, identificação, destinos e, por vezes, até informações sobre alojamento e viagens. Assim, os dados sensíveis podem ser protegidos utilizando a tecnologia de cadeia de blocos. As companhias aéreas russas estão a trabalhar no mesmo sentido.
- Vários sectores, incluindo os serviços hoteleiros, pagam um montante significativo que varia entre 18-22% das suas receitas a agências terceiras. Utilizando a cadeia de blocos, o envolvimento do intermediário é encurtado e permite interagir diretamente com o consumidor, garantindo benefícios para ambas as partes. A Winding Tree trabalha extensivamente com a Lufthansa, a AirFrance, a AirCanada e a Etihad Airways para reduzir o número de operadores terceiros que cobram taxas elevadas.
- O Barclays utiliza a Blockchain para agilizar os processos de Know Your Customer (KYC) e de transferência de fundos, ao mesmo tempo que preenche as patentes contra

estas características.
- Visauses Blockchain para lidar com serviços de pagamento entre empresas.
- A Unilever utiliza a Blockchain para acompanhar todas as suas transacções na cadeia de abastecimento e manter a qualidade do produto em todas as fases do processo.
- A Walmart tem vindo a utilizar a tecnologia Blockchain há já algum tempo para manter o registo dos seus produtos alimentares, desde os agricultores até ao cliente. Permite que o cliente verifique o historial do produto desde a sua origem.
- A DHL e a Accenture estão a trabalhar em conjunto para rastrear a origem dos medicamentos até chegarem ao consumidor.
- A Pfizer, líder do sector, desenvolveu um sistema de cadeia de blocos para acompanhar e gerir o inventário de medicamentos.
- O governo do Dubai está ansioso por fazer do Dubai a primeira cidade de sempre a confiar inteiramente e a trabalhar utilizando a cadeia de blocos, mesmo nos seus serviços governamentais.
- Para além das organizações acima referidas, empresas tecnológicas líderes como a Google, a Microsoft, a Amazon, a IBM, o Facebook, a TCS, a Oracle, a Samsung, a NVIDIA, a Accenture e a PayPal estão a trabalhar extensivamente na cadeia de blocos.

III. Ideias de projectos que pode experimentar para aprender a tecnologia Blockchain

Eis algumas ideias de projectos para principiantes que procuram aprender mais sobre a tecnologia de cadeias de blocos:
- Carteira de criptomoedas: Crie uma aplicação simples de carteira de criptomoedas que permita aos utilizadores enviar e receber activos digitais.
- Blockchain Explorer: Desenvolva uma aplicação baseada na Web que permita aos utilizadores visualizar e pesquisar as transacções numa cadeia de blocos específica.
- Contrato inteligente: Implemente um contrato inteligente simples na cadeia de blocos Ethereum que pode ser utilizado para gerir um token ou ativo digital.
- Sistema de votação: Crie um sistema de votação baseado em blockchain que permita uma votação segura e transparente, mantendo o anonimato do eleitor.
- Gestão da cadeia de abastecimento: Desenvolva um sistema baseado em blockchain para rastrear o movimento de bens e serviços através de uma cadeia de abastecimento, proporcionando maior transparência e rastreabilidade.
- Mercado descentralizado: Crie um mercado descentralizado utilizando a tecnologia blockchain onde os bens e serviços podem ser comprados diretamente pelos clientes sem qualquer intermediário.
- Gestão de identidades: Crie um sistema descentralizado de gestão da identidade digital que permita aos utilizadores controlar as suas informações pessoais e partilhá-las de forma segura com outros.

Estes são apenas alguns exemplos, existem muitas outras possibilidades a explorar no âmbito da tecnologia Blockchain.

IV. Âmbito futuro da tecnologia de cadeia de blocos

As finanças, a gestão da cadeia de abastecimento e a Internet das coisas são apenas alguns dos sectores em que a tecnologia de cadeias de blocos tem o poder de mudar (IoT).

Seguem-se algumas utilizações potenciais da cadeia de blocos no futuro:

* Identidade digital: Os IDs digitais baseados em blockchain podem ser utilizados para armazenar dados pessoais de forma segura e protegida, bem como oferecer um meio de estabelecer a identidade sem a necessidade de uma autoridade central.
* Contratos inteligentes: Uma variedade de transacções legais e financeiras pode ser automatizada utilizando contratos inteligentes, contratos auto-executáveis com os termos do acordo colocados diretamente em linhas de código.
* Finanças descentralizadas (DeFi): Utilizando a tecnologia blockchain, podem ser construídos sistemas financeiros descentralizados que suportem transacções peer-to-peer e eliminem os intermediários convencionais, como os bancos.
* Gestão da cadeia de abastecimento: A tecnologia Blockchain pode ser aplicada a um registo permanente da forma como os bens e serviços foram movimentados, permitindo uma maior abertura e rastreabilidade em toda a cadeia de abastecimento.
* -Internet das Coisas (IoT): A tecnologia Blockchain pode ser utilizada para construir redes descentralizadas e seguras para dispositivos IoT, permitindo-lhes trocar dados e comunicar uns com os outros de forma anónima e segura.

Em geral, a tecnologia de cadeias de blocos está ainda na sua fase inicial e tem uma vasta gama de aplicações potenciais.

V.   História e cenário atual da Blockchain

Com a invenção da bitcoin, em 2008, o mundo foi apresentado a um novo conceito que, provavelmente, irá revolucionar toda a sociedade. É algo que promete ter impacto em todos os sectores, incluindo, mas não se limitando a, finanças, governo e meios de comunicação social. Alguns descrevem-no como uma revolução, enquanto outra escola de pensamento diz que será uma evolução e que serão necessários muitos anos até que se concretizem quaisquer benefícios práticos do blockchain. Isto é correto até certo ponto, mas na minha opinião a revolução já começou; muitas grandes organizações em todo o mundo já estão a escrever provas de conceito utilizando a tecnologia de cadeia de blocos, uma vez que o seu potencial disruptivo foi agora totalmente reconhecido. No entanto, algumas organizações ainda estão na fase de exploração preliminar, mas espera-se que progridam mais rapidamente, uma vez que a tecnologia está agora a tornar-se mais madura. É uma tecnologia que também tem impacto nas tecnologias actuais e tem a capacidade de as alterar a um nível fundamental.

Linha cronológica da tecnologia de cadeia de blocos

VI.   Características da cadeia de blocos

Imutável

Imutabilidade significa que a cadeia de blocos é uma rede permanente e inalterável. A tecnologia blockchain funciona através de um conjunto de nós. Quando uma transação é registada na cadeia de blocos, não pode ser modificada ou eliminada. Isto torna a cadeia de blocos num livro-razão imutável e à prova de adulteração que proporciona um elevado grau de segurança e confiança.

Cada nó da rede tem uma cópia do livro-razão digital. Para adicionar uma transação, cada nó verifica a validade da transação e, se a maioria dos nós considerar que se trata de uma transação válida, esta é adicionada à rede. Isto significa que, sem a aprovação da maioria dos nós, ninguém pode adicionar blocos de transacções ao livro-razão.

Todos os registos validados são irreversíveis e não podem ser alterados. Isto significa que qualquer utilizador da rede não poderá editar, alterar ou eliminar o registo.

Distribuído

Todos os participantes na rede têm uma cópia do livro-razão para uma transparência total. Um livro-razão público fornecerá informações completas sobre todos os participantes na rede e sobre as transacções. O poder computacional distribuído pelos computadores garante um melhor resultado.
- O livro-razão distribuído é uma das características importantes das cadeias de blocos devido a muitas razões:
- No livro-razão distribuído, é fácil acompanhar o que está a acontecer no livro-razão, uma vez que as alterações se propagam muito rapidamente num livro-razão distribuído.
- Cada nó da rede blockchain deve manter o registo e participar na validação.
- Qualquer alteração no livro-razão será actualizada em segundos ou minutos e, devido à ausência de intermediários na cadeia de blocos, a validação da alteração será feita

rapidamente.

- Se um utilizador quiser adicionar um novo bloco, os outros nós participantes têm de verificar a transação. Para que um novo bloco seja adicionado à rede blockchain, deve ser aprovado por uma maioria dos nós da rede.
- Numa rede blockchain, nenhum nó terá qualquer tipo de tratamento especial ou favores da rede. Todos terão de seguir o procedimento padrão para adicionar um novo bloco à rede

Descentralizado

A tecnologia Blockchain é um sistema descentralizado, o que significa que não existe uma autoridade central a controlar a rede. Em vez disso, a rede é composta por um grande número de nós que trabalham em conjunto para verificar e validar transacções. Cada um dos nós da rede blockchain terá a mesma cópia do livro-razão.

A propriedade de descentralização oferece muitas vantagens na rede blockchain:

- Como uma rede de cadeias de blocos não depende de cálculos humanos, é totalmente organizada e tolerante a falhas.
- A rede blockchain é menos propensa a falhas devido à natureza descentralizada da rede. Atacar o sistema é mais dispendioso para os hackers, pelo que é menos provável que falhe.
- Não há terceiros envolvidos e, por conseguinte, não há qualquer risco acrescido no sistema.
- A natureza descentralizada da cadeia de blocos facilita a criação de um perfil transparente para cada participante na rede. Assim, cada mudança é rastreável e mais concreta.
- Os utilizadores têm agora controlo sobre as suas propriedades e não têm de depender de terceiros para manter e gerir os seus bens.

Seguro

Todos os registos na cadeia de blocos são encriptados individualmente. A utilização da encriptação acrescenta outra camada de segurança a todo o processo na rede blockchain. Uma vez que não existe uma autoridade central, isso não significa que alguém possa simplesmente adicionar, atualizar ou eliminar dados na rede.

Todas as informações na cadeia de blocos são criptografadas com hash, o que significa que cada dado tem uma identidade única na rede. Todos os blocos contêm um hash único próprio e o hash do bloco anterior. Devido a esta propriedade, os blocos estão criptograficamente ligados uns aos outros. Qualquer tentativa de modificar os dados significa alterar todos os IDs de hash, o que é completamente impossível.

Consenso

Cada cadeia de blocos tem um consenso para ajudar a rede a tomar decisões rápidas e imparciais. O consenso é um algoritmo de tomada de decisões para que o grupo de nós activos na rede chegue a um acordo de forma rápida e célere e para o bom funcionamento do sistema. Os nós podem não confiar uns nos outros, mas podem confiar no algoritmo que funciona no centro da rede para tomar decisões. Existem muitos algoritmos de consenso disponíveis, cada um com os seus prós e contras. Cada cadeia de blocos deve ter um algoritmo de consenso, caso contrário perderá o seu valor.

Aprovado por unanimidade

Todos os participantes na rede concordam com a validade dos registos antes de estes poderem ser adicionados à rede. Quando um nó pretende adicionar um bloco à rede, tem de obter uma votação maioritária, caso contrário o bloco não pode ser adicionado à rede. Um nó não pode simplesmente acrescentar, atualizar ou apagar informações da rede. Todos os registos são actualizados simultaneamente e as actualizações propagam-se rapidamente na rede. Assim, não é possível efetuar qualquer alteração sem o consentimento da maioria dos nós da rede.

Liquidação mais rápida

Os sistemas bancários tradicionais são propensos a muitas razões para a queda, como levar dias para processar uma transação depois de finalizar todas as liquidações, que podem ser corrompidas facilmente. Por outro lado, a cadeia de blocos oferece uma liquidação mais rápida em comparação com os sistemas bancários tradicionais. Esta caraterística da cadeia de blocos ajuda a tornar a sua vida mais fácil.

CAPÍTULO 2: APLICAÇÕES DA BLOCKCHAIN

A tecnologia Blockchain nos pagamentos transfronteiriços pode permitir transferências seguras entre um número infinito de registos bancários. Isto permite-lhe contornar os intermediários bancários que servem de intermediários para ajudar a transferir dinheiro de um banco para outro. A transação é segura, mais rápida e mais barata e tem visibilidade de ponta a ponta em qualquer parte do mundo.

A utilização da tecnologia blockchain nos pagamentos transfronteiriços é muito diferente dos métodos existentes, como o SWIFT. Mesmo o novo GPI (global payments innovation) da SWIFT assenta no mesmo sistema de mensagens unidireccionais, o que significa que não está ligado a qualquer processo de liquidação subjacente. Este sistema tem os seus inconvenientes, uma vez que as pessoas podem manipular o sistema bancário para cometer fraudes. Um exemplo disso foi o caso da fraude do Punjab National Bank, em que 14 356,84 milhões de rupias foram roubadas porque os autores da fraude efectuaram transacções não autorizadas na rede SWIFT, em que as mensagens de pagamento enviadas não estavam ligadas ao sistema que efetivamente liquidou a transação.

Não existem tais problemas para os pagamentos processados na cadeia de blocos. Todas as transacções podem ser liquidadas instantaneamente. A utilização da componente de mensagens bidireccionais e de liquidação utilizada nas soluções de cadeia de blocos, como a da Ripple, garante que a transação é validada na cadeia de blocos antes de os fundos serem transferidos através dos registos das partes envolvidas na transação.

A utilização de activos digitais (por vezes designados por criptomoedas) como o XRP (um ativo digital independente) pode ajudar as instituições financeiras a converter instantaneamente os fundos na moeda desejada. Dado que a Índia tem a maior população de diáspora do mundo, isto significa que os bancos lidam frequentemente com pares de moedas como SAR/INR para USD/INR.

Obter liquidez para pagamentos dentro e fora da Índia pode ser oneroso e caro, e o uso de XRP como um ativo de ponte para conversões de moeda leva apenas alguns minutos e é mais barato do que custaria se alguém fizesse uma troca fiat-to-fiat tradicional. Além disso, a capacidade de fazer isso em tempo real também reduziria a exposição de uma instituição financeira à volatilidade cambial.

Blockchain - Os pagamentos transfronteiriços para a Índia

A cadeia de blocos pode ajudar as instituições financeiras da Índia a desenvolver plataformas de pagamento de classe mundial. Os bancos e os prestadores de serviços de pagamento estão cientes dos pontos problemáticos na facilitação das transacções transfronteiriças e fizeram alguns progressos para os resolver. Na Índia, a tecnologia de cadeias de blocos foi adoptada pelos bancos para ajudar a melhorar a experiência de pagamento dos seus clientes. Por exemplo, no ano passado, o YES BANK assinou uma parceria com a Ripple para ajudar a facilitar as remessas de entrada da América do Norte, do Médio Oriente e do Reino Unido.

Para além de facilitar uma maior eficiência na infraestrutura de pagamentos existente, há muito a dizer sobre o que a cadeia de blocos pode fazer pela Índia e pela sua população. Consideremos os seus benefícios a um nível mais humano. Por exemplo, digamos que um trabalhador da construção civil indiano no Dubai precisa urgentemente de transferir fundos para o seu país devido a uma emergência médica que a sua família está a enfrentar.

Se o seu banco utilizasse a tecnologia blockchain, a transferência de remessas poderia ser concluída em minutos, com taxas significativamente mais baixas do que os métodos existentes de transferência de dinheiro. Se tivesse utilizado os meios convencionais de pagamentos transfronteiriços, teria demorado 3-4 dias, com o dinheiro a passar por vários intermediários e a incorrer em taxas adicionais, antes de chegar finalmente à família do trabalhador.

A cadeia de blocos pode também permitir que os clientes de um banco utilizem o seu serviço de pagamentos transfronteiriços mais eficiente e reduzam a sua dependência dos corretores hawala, onde as taxas podem também ser bastante elevadas, melhorando simultaneamente a inclusão financeira entre a população indiana. Estes casos sublinham a centralidade das remessas para a economia indiana, tendo o Banco Mundial afirmado que a Índia é o maior beneficiário mundial de remessas (cerca de 4,6 biliões de INR por ano). De uma perspetiva macroeconómica, as remessas recebidas são frequentemente utilizadas pelas famílias para compras e investimentos domésticos.

O aumento dos níveis de consumo irá, por sua vez, criar um efeito de onda, impulsionando o crescimento também noutras indústrias.

Por conseguinte, a importância dos pagamentos transfronteiriços não pode ser subestimada na Índia, e é imperativo que as instituições financeiras analisem atentamente o aproveitamento da tecnologia de cadeias de blocos para o objetivo mais vasto do desenvolvimento socioeconómico.

Embora grande parte do debate atual sobre a cadeia de blocos gire em torno do seu elemento "disruptivo" e se concentre na forma como procura desafiar o status quo, as soluções inovadoras de pagamento transfronteiriço construídas com base na tecnologia da cadeia de blocos não estão aqui para substituir as instituições financeiras, nem procuram contornar os regulamentos financeiros. A tecnologia de cadeias de blocos pode permitir que os bancos melhorem e preparem para o futuro os seus serviços de pagamentos transfronteiriços.

Voltando ao discurso de Modi aos líderes mundiais e aos directores executivos globais no Fórum Económico Mundial, disse: "Este mundo tecnológico influenciou todos os aspectos das nossas vidas... A tecnologia tem a capacidade de dobrar, quebrar e ligar...".

Com a tecnologia de cadeias de blocos, dobramos e quebramos o sistema existente e ligamos o mundo de forma mais fluida através de transacções transfronteiriças de fundos mais baratas, mais rápidas e melhores.

A cadeia de blocos pode ter um impacto transformador na forma como os pagamentos transfronteiriços são efectuados, aumentando e remodelando infra-estruturas financeiras inteiras dos países.

O ecossistema financeiro tem de procurar implementar uma regulamentação bem pensada que possa incentivar soluções inovadoras para os pagamentos transfronteiriços.

Ao mesmo tempo, qualquer implementação da tecnologia blockchain deve ser feita de forma responsável, com uma deliberação cuidadosa sobre a segurança, o risco e a estabilidade das soluções de pagamentos transfronteiriços.

Esta é a forma correcta de as instituições financeiras e os decisores políticos tirarem o máximo partido da cadeia de blocos.

1. Blockchain e KYC (Know Your Customer)

O KYC é um processo através do qual os bancos obtêm informações sobre a identidade e a morada dos compradores. Trata-se de um processo regulado pelo regulador que consiste em efetuar as devidas diligências para verificar a identidade dos clientes. Este processo ajuda a garantir que os serviços dos bancos não são utilizados indevidamente. Os bancos são responsáveis por completar o procedimento KYC aquando da abertura de contas. Os bancos também são obrigados a atualizar periodicamente os dados KYC dos seus clientes. O KYC pode ser um processo manual, demorado e redundante entre instituições. A partilha de informações KYC na Blockchain permitiria às instituições financeiras obter melhores resultados de conformidade, aumentar a eficiência e melhorar a experiência do cliente.

Os processos KYC são a espinha dorsal dos esforços de combate ao branqueamento de capitais de uma instituição financeira. Descubra como as empresas estão a revolucionar este longo e cansativo processo. Os processos Know Your Customer ou KYC são a espinha dorsal dos esforços de combate ao branqueamento de capitais de uma instituição financeira. De acordo com as estimativas actuais, o montante das despesas com KYC aumentou até 1,2 mil milhões de dólares em 2020 a nível global.

Com um montante tão elevado a ser gasto para melhorar os processos KYC, é fácil presumir que o processo seria inviolável e isento de problemas. Mas, apesar da importância do processo, o KYC continua a funcionar de forma ineficaz. Devido às tarefas que consomem muito tempo e trabalho, ao elevado âmbito da duplicação de esforços e ao risco de erro, estima-se que 80% dos esforços KYC se destinam à recolha de informações e ao processamento, enquanto apenas 20% dos esforços se centram na avaliação e monitorização.

2. Principais áreas problemáticas e benefícios da solução

1. **Redundância:** A maioria dos grandes ficheiros utiliza dados e processos semelhantes para verificar um cliente equivalente. **O benefício da solução** é eliminar a redundância de documentos que têm de ser verificados apenas uma vez antes de a informação de aprovação ser partilhada.
2. **Ineficiência:** Processo manual e moroso de recolha e verificação de provas documentais. **A vantagem da solução** é alargar a automatização, em que os documentos e as aprovações são digitalizados e podem ser verificados sem intervenção manual.
3. **Falta de especificidade**: Os requisitos para a devida diligência são muitas vezes imprecisos, criando incerteza sobre a conformidade para evitar sanções legais. **O benefício da solução** é padronizar o processo, ou seja, processos KYC padronizados e automatizados sancionados pelos reguladores.

A ideia por detrás da Blockchain e do KYC

Todas as empresas têm de verificar a sua identidade de alguma forma, e isso é particularmente importante para as instituições financeiras. A partir deste "conheça o seu cliente", ou protocolos KYC, surgiu a necessidade de ajudar as empresas a garantir que sabem com quem estão a fazer negócio. Normalmente, isto envolve uma prática extensa e prolongada, em que são mostrados determinados documentos e se efectuam alguns tipos de verificações de antecedentes ou de verificação.

3. Implementação da cadeia de blocos KYC

No sistema KYC tradicional, cada banco efectua a sua verificação de identidade, ou seja, cada utilizador é verificado individualmente por uma organização individual ou por uma estrutura governamental. Por conseguinte, há um desperdício de tempo para verificar cada identidade a partir do zero.

A arquitetura da cadeia de blocos e a DLT permitem-nos recolher informações de vários prestadores de serviços numa base de dados criptograficamente segura e imutável que não necessita de terceiros para verificar a autenticidade do conhecimento. Torna possível criar um sistema em que o utilizador só terá de se submeter uma vez ao procedimento KYC para verificar a sua identidade.

O processo é o seguinte:

1. Para o procedimento KYC, um utilizador apresenta documentos a um dos bancos onde pretende contrair um empréstimo ou utilizar outro serviço.
2. Os participantes individuais são responsáveis pela recolha de dados pessoais (bancos, agências governamentais, empresas ou os próprios utilizadores) e armazenados numa rede descentralizada.
3. O banco verifica e confirma a passagem do KYC se tudo estiver normal.
4. O banco é responsável por introduzir os dados sobre o utilizador na plataforma blockchain, à qual têm acesso outros bancos, organizações e estruturas estatais. Todas as partes podem controlar e regular o processo KYC. O sistema monitorizará as alterações e actualizações dos dados do utilizador e, se alguém infringir as regras, isso será do conhecimento de todas as partes.
5. Quando um utilizador pretende utilizar os serviços de outro banco, este segundo banco acede ao sistema e confirma assim a identidade do utilizador.
6. O acesso aos dados do utilizador basear-se-á exclusivamente no seu consentimento. O utilizador deve iniciar sessão com transacções em moeda criptográfica, ou seja, utilizar a chave privada para iniciar a operação de troca de informações.

4. Benefícios da implementação da cadeia de blocos

Recolha de dados distribuída

A introdução da cadeia de blocos no KYC coloca os dados numa rede descentralizada que pode ser acedida pelas partes depois de lhes ter sido dada autorização. Além disso, o sistema oferece uma segurança de dados eficiente, uma vez que os dados só podem ser acedidos após a autorização dos utilizadores, eliminando assim os casos de acesso não autorizado.

Melhor eficiência operacional

As capacidades, como um processo digital inviolável e a partilha de informações do utilizador numa rede autorizada, podem reduzir enormemente o esforço e o tempo necessários nas fases iniciais do KYC. Isto, por sua vez, acelera o tempo de integração do cliente e reduz as despesas regulamentares e de conformidade.

Validação da exatidão das informações

Os sistemas KYC Blockchain permitem transparência e imutabilidade que, por sua vez, permitem que as instituições financeiras validem a confiabilidade dos dados presentes na plataforma DLT. O processo KYC descentralizado funciona como uma forma simplificada de obter acesso seguro e rápido a dados de utilizador actualizados.

Dados do utilizador actualizados em tempo real

Sempre que uma transação KYC é realizada numa instituição financeira, a informação é partilhada num livro-razão distribuído. Estes sistemas KYC de tecnologia Blockchain permitem que outras instituições participantes acedam a informações actualizadas em tempo real, com a garantia de que, sempre que houver uma nova adição nos documentos ou quaisquer modificações, serão notificadas.

As soluções de desenvolvimento de blockchain são a resposta para os problemas de KYC?

A recolha de informações e o seu processamento consomem uma grande quantidade de custos, tempo e esforço no processo KYC, deixando muito poucos recursos disponíveis para monitorizar e avaliar o comportamento do utilizador em busca de anomalias. Ao oferecer um acesso rápido a dados actualizados, a tecnologia blockchain no KYC pode reduzir o tempo necessário para as tarefas laboriosas, que, por sua vez, podem ser utilizadas para encontrar soluções para desafios KYC mais complexos. No entanto, a cadeia de blocos não pode resolver todos os problemas enfrentados pelo KYC. Depois de os dados serem adquiridos, as instituições financeiras ainda têm de validar a informação. Para tal, a IA e as tecnologias semelhantes ao processamento cognitivo têm de ser empregues para aumentar a eficiência. No seu estado atual, a cadeia de blocos, quando utilizada em combinação com outras tecnologias, pode demonstrar um elevado potencial para ajudar as instituições a reduzir os custos e o tempo associados ao processo KYC.

5. Cadeia de blocos na agricultura e na segurança alimentar

Com sistemas alimentares à escala global, como os produtos do mar, dos quais cerca de 40% são comercializados a nível mundial, a transparência e a rastreabilidade dos dados através de tecnologias como a cadeia de blocos são importantes para a tomada de decisões social e ambientalmente conscientes e para facilitar a confiança entre as partes interessadas.

As cadeias globais de abastecimento alimentar revelaram-se frágeis durante a pandemia de COVID-19, o que levou a apelos para aumentar a resiliência das cadeias globais de abastecimento alimentar através de uma maior eficiência na produção, distribuição e consumo de alimentos nutritivos. Como é que tecnologias como a cadeia de blocos, que fornecem dados a produtores, distribuidores e consumidores, podem fazer parte da solução? As aplicações de grandes volumes de dados podem apresentar oportunidades para resolver ineficiências da exploração agrícola até à mesa e melhorar a segurança alimentar global.

A Blockchain, uma base de dados descentralizada e interligada que armazena dados auditáveis ao longo de toda a cadeia de abastecimento, pode mudar o jogo para os produtores de alimentos em todo o mundo.

Com sistemas alimentares à escala global, como os produtos do mar, dos quais cerca de 40% são comercializados a nível mundial, a transparência e a rastreabilidade dos dados através de tecnologias como a cadeia de blocos são importantes para a tomada de decisões social e ambientalmente conscientes e para facilitar a confiança entre as partes interessadas.

Por agricultura de cadeia de blocos entende-se a utilização da cadeia de blocos no sector agrícola para melhorar o processo operacional e obter resultados rentáveis. A utilização da cadeia de blocos no sector agrícola vai desde a sustentabilidade do negócio e a redução do desperdício, passando por decisões de compra informadas por parte dos consumidores, até à facilitação de futuras transacções com eliminação de fraudes. Há um novo termo que surgiu no mercado, a agricultura inteligente. A agricultura inteligente inclui a utilização de recursos naturais e a diminuição do impacto ambiental através da execução das TIC (tecnologias da informação e da comunicação), da cadeia de blocos e de outras tecnologias modernas de recolha e análise de dados.

Qual o seu impacto na segurança alimentar?

-Recolha de   informações: As tecnologias de cadeia de blocos podem ser utilizadas para consolide informações sobre a qualidade das sementes, acompanhe o crescimento das culturas e registe o seu percurso após a saída da exploração agrícola. No Canadá, por exemplo, o Grain Discovery - um mercado em linha de cadeia de blocos - é um exemplo de dados que estão a ser aproveitados pelos intervenientes no sistema alimentar para cultivar e comercializar culturas competitivas a nível mundial.

Os dados podem aumentar a transparência nas cadeias de abastecimento, fornecendo registos imutáveis desde a produção até ao consumo. Esses dados têm o potencial de facilitar a transferência de informações em todas as etapas da cadeia de abastecimento. E se as cadeias de blocos forem implementadas com a validação adequada, podem evitar a produção e distribuição ilegais e pouco éticas que prejudicam a sustentabilidade e a segurança alimentar da comunidade.

Esta transparência também significa que os consumidores podem tomar decisões informadas para proteger os produtores vulneráveis e o ambiente. O acesso aos dados sobre os produtos pode permitir aos consumidores recompensar os produtores que adoptam boas práticas, como os pequenos agricultores e pescadores rurais, que se encontram entre os grupos com maior insegurança alimentar.

• **Percursos de rastreio:** Atualmente, existem poucas provas que sustentem a afirmação de que as tecnologias de cadeias de blocos e de grandes volumes de dados estão a contribuir para a segurança alimentar mundial. Embora se preveja que uma exploração agrícola média gere 4,1 milhões de pontos de dados até 2050, contra 190 000 pontos de dados em 2014, o aumento da segurança alimentar mundial não tem sido impressionante.

Parte do desafio reside na forma como as cadeias de blocos têm sido implementadas até à data. O controlo empresarial das cadeias de blocos e das plataformas de megadados pode mesmo comprometer a segurança alimentar. **Por exemplo**, a IBM e a Walmart uniram-se para rastrear os produtos desde a exploração agrícola até à mesa. Os produtores e transformadores ao longo da cadeia de abastecimento são obrigados a introduzir informações na cadeia de blocos da IBM para que o processo seja totalmente transparente para os consumidores.

As cadeias de blocos tradicionais são descentralizadas e democratizadas para garantir a confiança entre os utilizadores. O controlo corporativo da informação da cadeia de abastecimento pode também deixar de fora os pequenos agricultores que não têm a dimensão, a escala e os conhecimentos tecnológicos necessários para participar. Esta divisão entre grandes e pequenos produtores de alimentos pode contribuir para a insegurança alimentar global, e muitos investigadores acreditam que tanto as pequenas como as grandes explorações agrícolas são necessárias para alimentar a crescente população mundial.

• **Dados e futuro alimentar:** Antes de as cadeias de blocos e outras tecnologias de dados poderem ajudar a resolver o problema da segurança alimentar, é necessário dar resposta a uma série de desafios.

A implementação de cadeias de blocos deve ser descentralizada para incluir os pequenos agricultores e as populações rurais. Tal permitirá a existência de sistemas alimentares sustentáveis e equitativos e permitirá aos consumidores tomar decisões informadas.

No entanto, uma vez que as cadeias de blocos colocam uma responsabilidade adicional nos utilizadores finais, desafios como a limitada literacia digital entre os pobres do mundo e os constrangimentos em termos de infra-estruturas podem minar uma verdadeira descentralização.

Além disso, devem ser integradas em estratégias mais amplas de promoção da segurança alimentar, de modo a torná-las sensíveis aos valores sociais e ambientais fundamentais para combater a insegurança alimentar entre diversos grupos

O potencial inexplorado do aproveitamento de grandes volumes de dados através de um sistema de distribuição de alimentos transparente e descentralizado pode apoiar a produção sustentável de alimentos e prestar contas pela produção de alimentos.

Isto é crucial para sistemas alimentares eficientes e para a segurança alimentar no futuro. Mas é importante que estas inovações sejam implementadas de forma equitativa para que todos os intervenientes ao longo da cadeia de valor possam beneficiar.

- **Gestão do inventário alimentar:** Verdade seja dita, muitas organizações alimentares não estão preparadas para utilizar tecnologia de ponta para lidar com os seus inventários. Isto está a levar ao desperdício dos produtos e dos recursos. Além disso, as perdas são suportadas pelos agricultores.

Assim, este é um enorme fardo para os agricultores, uma vez que não dispõem das ferramentas necessárias para gerir o problema. A utilização da tecnologia de cadeia de blocos pode mudar radicalmente esta situação. A cadeia de blocos na gestão de inventário pode ajudar os agricultores a monitorizar o clima de armazenamento e informá-lo quando os produtos expiram. Desta forma, pode tomar medidas legítimas.

V. Blockchain no sector hipotecário

O sector do crédito hipotecário é um sector relativamente lento no que diz respeito às suas várias fases e processos. Há muito atrito entre cada etapa que torna complicada a emissão de um empréstimo. No entanto, com o advento da tecnologia blockchain, a indústria foi revolucionada em grande medida.

A tecnologia Blockchain está a penetrar rapidamente em vários sectores, como o financeiro, o da moda, o farmacêutico, entre outros. Pode fazê-lo devido à sua estrutura de funcionamento eficiente que torna os processos mais simples, mais rápidos e mais fiáveis. A tecnologia Blockchain está a atuar como a estrutura fundamental sobre a qual as empresas estão a construir os seus processos. O sector do crédito hipotecário, sendo um dos sectores mais lentos, tem imensa margem para melhorias. A tecnologia Blockchain pode causar essa melhoria, abrindo caminho para uma hipoteca digital.

O sistema hipotecário dos EUA está preparado para uma rápida mudança tecnológica e de processos, impulsionada pela evolução demográfica, pelo aumento das expectativas dos consumidores, pelas inovações tecnológicas, pelo aumento das expectativas regulamentares e pela desatualização das infra-estruturas existentes. Coletivamente, estes factores exigem que os compradores de casa, os governos e as empresas imobiliárias e relacionadas com o crédito hipotecário reimaginem o financiamento da habitação nos EUA e a propriedade da casa. Em resposta a estas tendências, as soluções digitais de financiamento hipotecário e de habitação estão a formar-se nos EUA a uma velocidade e escala sem precedentes.

VI. O papel da cadeia de blocos no sector hipotecário

Processo de hipoteca convencional

Num cenário convencional, a obtenção de um crédito hipotecário envolve várias etapas. Antes de mais, tem de ser elegível para se candidatar. Em seguida, tem de preencher um requerimento que será posteriormente verificado. Depois de tudo isto, e se tudo correr bem, o empréstimo será aprovado e sancionado. Trata-se de um longo processo que demora facilmente cerca de um a dois meses.

Durante este processo, estão envolvidos vários actores em várias fases, o que dá lugar a muitas ineficiências e riscos. Demora muito tempo, há o risco de documentação incorrecta e, como tudo é feito manualmente, há muito espaço para erros humanos. Estes desafios podem ser resolvidos utilizando a cadeia de blocos.

Processo hipotecário com Blockchain

Primeiro, deve preencher um pedido que se tornará um bloco. O pedido será verificado não por uma pessoa/autoridade, mas por vários nós. Após a verificação, o referido pedido será adicionado à cadeia. A pessoa terá então de assinar e aceitar este empréstimo, após o que os fundos lhe serão transferidos pela entidade que o fornece. Assim, um processo que demorava pelo menos 30 dias será concluído numa questão de dias e será totalmente digital.

Assim, utilizando a tecnologia de cadeias de blocos como estrutura de base, é possível desenvolver software de crédito hipotecário e de crédito ao consumo.

VII.   Benefícios de um crédito hipotecário digital

1. **Melhor manutenção de registos:** Cada passo do processo é armazenado como um registo, e estes registos estão num livro-razão descentralizado. Isto significa que não existe um núcleo central que gira tudo. Assim, existe uma prova adequada de todas as acções que é bastante difícil de adulterar. Assim, torna-se mais fácil verificar todos os actores, como o mutuário do empréstimo, o vendedor e as entidades que aprovam os empréstimos.
2. **Eficiência de custos:** A obtenção de um empréstimo hipotecário torna-se relativamente económica em comparação com o processo convencional, em que teria de pagar a um terceiro para agilizar o processo. Aqui, pode fazer tudo sozinho, sem qualquer intervenção de terceiros.
3. **Liquidações imediatas:** Normalmente, a transferência de fundos demora algum tempo. Com isto, a pessoa receberá os seus fundos de imediato, sem ter de esperar.
4. **Contratos inteligentes:** Um contrato inteligente é um conjunto de regras que são automaticamente accionadas quando ocorre um evento. Pode ser aplicado no processo de verificação e aprovação, de modo a que as regras sejam inicialmente fornecidas juntamente com critérios. Se a aplicação seguir estas regras e cumprir os critérios, é aprovada, caso contrário não é. Desta forma, todo o processo de verificação pode ser executado automaticamente em vez de ser realizado manualmente por vários intervenientes.

VIII.   Comércio com base em cadeias de blocos

O sector do financiamento do comércio emergiu como uma área de foco chave para a realização das eficiências da tecnologia blockchain. O Blockchain tem o potencial de perturbar o panorama do comércio, facilitando a redução de litígios e fraudes, proporcionando segurança na entrega e no pagamento, permitindo a transparência do movimento de activos comerciais e facilitando o fluxo de créditos comerciais. O resultado: maior colaboração, automatização e supervisão nas transacções comerciais. O financiamento do comércio pelos bancos e outras instituições financeiras é uma função vital no comércio internacional, uma vez que fornece garantias de entrega e pagamento aos compradores e vendedores e ajuda a colmatar o défice de financiamento do ciclo comercial para estas partes. O crescimento e a sustentação do mercado de comércio internacional de 16 biliões de dólares dependem da fácil disponibilidade e da robustez dos mecanismos de financiamento. Por este motivo, o financiamento do comércio é frequentemente descrito como o combustível do comércio global.

A Blockchain permite que os dados sejam registados num formato digital seguro, fornecendo informações em tempo real sobre transacções entre diferentes partes, sejam elas empresas, redes de fornecedores, grupos de investimento ou uma cadeia de abastecimento internacional. Fornece a todas as partes um registo seguro, encriptado, transparente, de fácil acesso e impossível de adulterar. Embora a cadeia de blocos tenha surgido no sistema financeiro com o lançamento da moeda criptográfica Bitcoin, atualmente é utilizada numa vasta gama de actividades, incluindo as que estão direta ou indiretamente relacionadas com o comércio externo. A longa cadeia de valor ligada ao comércio internacional inclui áreas vastas e complexas como a logística, o transporte, a administração aduaneira, o financiamento e os procedimentos administrativos entre empresas, que podem ser simplificados com a adoção desta tecnologia.

A cadeia de blocos optimiza os processos, torna os bens rastreáveis, garante a segurança dos pagamentos e do financiamento, facilita a verificação da qualidade digital e das certificações de origem, permite a partilha de informações em tempo real sobre as diferentes fases do comércio e ajuda a melhorar o funcionamento dos serviços públicos e privados relacionados, entre outros benefícios. A cadeia de blocos fornece soluções para operações comerciais, simplificando o comércio transfronteiriço, contribuindo para melhorias competitivas e reduzindo os custos de transação.

Embora a cadeia de blocos tenha sido utilizada no comércio externo durante vários anos, a sua importância aumentou desde o início da crise sanitária da COVID-19 e espera-se que desempenhe um papel ainda mais proeminente no mundo pós-pandémico.

IX.   Vantagens do comércio através da cadeia de blocos

1. **Reduza o risco e os custos operacionais:** Processe rapidamente créditos e garantias por via eletrónica, obtenha informações aprofundadas sobre as posições financeiras e os históricos de transacções dos clientes e monitorize as transacções do início ao fim.
2. **Encontre novas oportunidades e mercados:** Descubra oportunidades de receitas através de uma nova classe de soluções de financiamento comercial e de seguro de crédito comercial transparentes, com risco mitigado e normalizadas.
3. **Assumir a liderança numa nova era do comércio:** Promova uma maior confiança e transparência no comércio transfronteiriço. Aproveite as vantagens de ser o primeiro a chegar, reunindo novas redes comerciais e criando novos centros comerciais.
4. **Liderança na facilitação do comércio:** Estamos a reinventar processos comerciais complexos para ajudar a iniciar, acelerar e inovar as redes de cadeias de blocos - incluindo o desenvolvimento de produção bem sucedido da we.trade, atualmente composta por 15 bancos em toda a Europa.
5. **Experiência empresarial de confiança:** A IBM conhece o comércio e os processos comerciais, a integração de sistemas complexos, as indústrias regulamentadas e - com mais de 500 compromissos com clientes até à data - como desbloquear o valor da blockchain. Fornecemos a pilha completa para gerir o seu negócio.

X.   Blockchain no financiamento do comércio

O financiamento do comércio funciona como a força vital do comércio internacional de bens e serviços, permitindo transacções entre compradores e vendedores em todo o mundo. O financiamento do comércio fornece o crédito, a garantia de pagamento e o seguro necessários para facilitar a transação em termos que satisfaçam todas as partes. Uma das dificuldades do financiamento do comércio é o grande volume de documentos em papel que constituem grande parte do fluxo de informação entre as partes envolvidas na transação.

A maior parte das actividades de financiamento do comércio envolve uma quantidade substancial de documentos físicos que são misturados entre o importador, o exportador, o banco do importador, o banco do exportador, a companhia de navegação, a companhia recetora, os expedidores locais, as seguradoras e outros. Esta dependência de documentos tem geralmente inconvenientes, incluindo o custo e o tempo necessários para preparar, transmitir e verificar estes documentos. Os documentos em papel podem também ser susceptíveis de erros e mesmo de falsificação.

Além disso, o surto de COVID-19 teve impacto em diferentes etapas do financiamento do comércio, incluindo a originação e distribuição de negócios, instrumentos negociáveis, transmissão de documentos, assinaturas autorizadas e expedição. Hoje em dia, vários bancos e instituições financeiras em todo o mundo estão a tentar escalar rapidamente as suas iniciativas digitais para avançar para um mundo onde a digitalização é central em todas as interacções. Os bancos estão a tentar utilizar a tecnologia para simplificar o comércio, criando ecossistemas digitais que reduzem os custos e aumentam a eficiência do financiamento do comércio, substituindo o papel por fluxos de dados digitais.

O inquérito da Câmara de Comércio Internacional (ICC) realizado em abril de 2020 indicou que os bancos estão a concentrar-se na rápida adoção da cadeia de blocos, na digitalização da documentação e no software de processamento e tratamento automatizado em resposta à pandemia de COVID-19.

XI. Como funciona o financiamento do comércio?

O financiamento do comércio pode ser entendido através do seguinte exemplo. Suponhamos que existe uma empresa chamada MHW na Índia e que esta empresa pretende importar um determinado número de mercadorias de uma empresa fornecedora situada nos Estados Unidos. Chamemos a esta empresa fornecedora SSI. Agora, para importar as mercadorias, a empresa MHW precisa de pagar as mercadorias, mas quer ter a certeza de que as mercadorias chegarão tal como encomendadas e, por isso, está a hesitar em processar o pagamento. Por outro lado, o exportador também hesita em expedir as mercadorias, sem ter a certeza de que o pagamento chegará pelas mercadorias que fornece.

Nesta fase, os bancos intervêm para resolver os problemas enfrentados pelo importador e pela empresa exportadora. O banco do importador emite uma carta de crédito ao exportador através do banco do exportador e promete pagar o montante necessário assim que o banco do exportador fornecer os documentos válidos que provem que as mercadorias encomendadas foram carregadas no navio ou em qualquer outro meio de transporte. Assim, os bancos envolvidos asseguram a confiança entre as partes importadora e exportadora, detendo o dinheiro para cada uma delas.

XII. Benefícios da cadeia de blocos no financiamento do comércio

As principais vantagens da tecnologia blockchain no financiamento do comércio são o facto de poder reduzir o tempo de processamento, eliminar a utilização de papel e poupar dinheiro, ao mesmo tempo que garante transparência, segurança e confiança. A remoção de intermediários do processo elimina o risco de manipulação por parte dos participantes no processo.

Eis alguns pontos importantes que demonstram as vantagens da cadeia de blocos no financiamento do comércio:

1. **Eficiência**: A tecnologia Blockchain torna o processo de financiamento do comércio mais eficiente ao concluir as transacções diretamente entre as partes relevantes, sem intermediários e com informação digitalizada. Com a cadeia de blocos, as partes podem operar contratos inteligentes que desencadeiam acções comerciais automaticamente. Isto permite racionalizar drasticamente os processos de financiamento do comércio, reduzindo assim os custos e aumentando a velocidade das transacções.
2. **Rastreabilidade**: Com a tecnologia de cadeia de blocos, os importadores e exportadores podem rastrear bens e activos e onde estes residem atualmente. Além disso, a informação relacionada com os activos pode ser recebida do anterior e transmitida ao novo proprietário para eventuais acções. Isto permite novas oportunidades de financiamento e pode melhorar a perfeição de um interesse no comércio de bens. Este é considerado um dos principais benefícios do blockchain no financiamento do comércio.

3. **Transparência**: A cadeia de blocos, sendo uma tecnologia de livro-razão distribuído, pode registar vários detalhes das transacções em relação a acordos comerciais e pode distribuir os dados para aumentar a confiança. Isto permite reduzir o risco de adulteração dos registos e oferece mais opções para financiar o comércio.
4. **Auditabilidade**: Utilizando a Blockchain, cada transação de financiamento comercial pode ser registada sequencialmente e indefinidamente. Isto proporciona uma pista de auditoria duradoura para a vida do ativo transaccionado, bem como uma melhor verificação da autenticidade dos activos com uma redução dos custos de conformidade.
5. **Segurança**: Cada transação na rede comercial é verificada através de criptografia verificada de forma independente. A encriptação e as chaves criptográficas protegidas transmitem de forma segura os dados entre diferentes instituições financeiras, privatizando assim os dados.

XIII.   Blockchain na tecnologia financeira da cadeia de abastecimento

O financiamento da cadeia de abastecimento e a tecnologia blockchain estão a revolucionar as empresas em todo o mundo. À medida que as empresas se expandem, criam novos laços nacionais e globais para fortalecer o seu processo de aquisição e encontrar soluções mais acessíveis e melhores. Embora isso seja um bom presságio para os balanços dos compradores, pode desencadear preocupações com o capital de giro. Capital valioso pode ficar bloqueado nas cadeias de fornecimento, forçando as empresas a procurar soluções.

O financiamento da cadeia de abastecimento é uma saída criativa que pode ajudar tanto os compradores como os seus fornecedores. Utilizando um fornecedor de financiamento da cadeia de abastecimento, os compradores podem pagar antecipadamente aos seus fornecedores e prolongar as suas condições de pagamento. Para além de ajudar os compradores a otimizar o seu capital de exploração, o financiamento da cadeia de abastecimento também proporciona uma forma acessível de os fornecedores obterem dinheiro.

No entanto, apesar destas características, o financiamento da cadeia de abastecimento não resolve tudo. Por exemplo, está normalmente reservado aos principais fornecedores. As pequenas e médias empresas são deixadas de fora, o que é injusto, uma vez que poderiam beneficiar significativamente dos pagamentos antecipados.

Felizmente, as partes interessadas estão conscientes destes problemas e analisaram diferentes ferramentas para melhorar o financiamento da cadeia de abastecimento. Foram apresentadas muitas propostas, mas nenhuma parece melhor (pelo menos neste momento) do que a utilização de cadeias de blocos para melhorar o financiamento da cadeia de abastecimento.

XIV. Como é que a cadeia de blocos pode melhorar o financiamento da cadeia de abastecimento?

A intersecção entre o financiamento da cadeia de abastecimento e a tecnologia de cadeias de blocos tem benefícios notáveis para as partes interessadas relevantes. Alguns deles incluem:

Aumenta a autenticidade na cadeia de abastecimento

O financiamento da cadeia de abastecimento é uma rede gigantesca que envolve muitas partes interessadas. Desde compradores a fornecedores e intermediários, existem muitas partes interessadas e a troca de informações nem sempre é transparente. Cada parte interessada pode dar prioridade às suas necessidades em detrimento de outras, provocando atrasos na cadeia de abastecimento.

A cadeia de blocos pode resolver este problema. Cópias do mesmo livro-razão digital, que mantém os registos na rede, são distribuídas entre as partes interessadas, que têm acesso à mesma informação. A imutabilidade da cadeia de blocos evita a confusão e garante a transparência e a autenticidade da rede. Pode melhorar a gestão da cadeia de abastecimento e facilitar a cadeia de abastecimento.

Traz inclusividade ao ecossistema

O atual ecossistema de financiamento da cadeia de abastecimento tem lacunas, especialmente no que diz respeito à inclusão financeira. Os financiadores da cadeia de abastecimento oferecem-se normalmente para financiar os 10 a 50 principais fornecedores dos compradores, deixando para trás muitas pequenas e médias empresas. Isto é injusto, uma vez que os fornecedores mais pequenos podem beneficiar mais dos pagamentos antecipados através do financiamento da cadeia de abastecimento liderado pelo comprador do que os seus homólogos maiores.

A tecnologia Blockchain tem o potencial de resolver este problema e tornar o financiamento da cadeia de abastecimento disponível para todos. A natureza da rede de cadeias de blocos pode permitir que os fornecedores de financiamento da cadeia de abastecimento financiem facturas enviadas por todos os fornecedores. Todas as transacções e trocas de informação são registadas no livro-razão, pelo que os fornecedores de financiamento não têm qualquer razão para limitar o financiamento apenas aos principais fornecedores.

Redefine os financiadores na cadeia de abastecimento

As instituições financeiras são geralmente os financiadores no financiamento da cadeia de abastecimento liderado pelo comprador. São elas que efectuam os pagamentos das facturas aos fornecedores. Os compradores pagam-lhes através de um plano de reembolso que consiste no montante emprestado juntamente com uma pequena taxa e juros.

Embora as instituições financeiras continuem a ser relevantes no financiamento da cadeia de abastecimento liderado pelo comprador, a cadeia de blocos poderá abrir o sistema a outras partes interessadas no ecossistema. As fundações empresariais e os investidores individuais podem também participar no financiamento da cadeia de abastecimento e obter retornos sobre o seu investimento. Plataformas como a CredSCF já estão a utilizar a cadeia de blocos para permitir que diferentes financiadores aproveitem o financiamento da cadeia de abastecimento para obterem rendimentos.

Melhora o funcionamento da cadeia de abastecimento

O intercâmbio de informações é sempre um problema quando há muitas partes envolvidas. O sector financeiro da cadeia de abastecimento tem sofrido do mesmo mal. A imprecisão da informação é, de facto, uma das principais razões pelas quais o financiamento da cadeia de abastecimento tem lutado para resolver os problemas antigos da cadeia de abastecimento.

No entanto, a utilização da tecnologia blockchain no financiamento da cadeia de abastecimento pode ser a resposta. O livro-razão digital e imutável pode acompanhar a troca de informações, a transferência de activos, a qualidade dos produtos e os prazos para facilitar a cadeia de abastecimento. Pode reduzir os desfasamentos no sistema, poupando dinheiro e tempo a todas as partes interessadas.

XV. Cadeia de blocos na gestão da identidade

Também conhecida como "gestão de identidades e acessos", ou IAM, a gestão de identidades engloba todos os processos e tecnologias de uma organização que são utilizados para identificar, autenticar e autorizar alguém a aceder a serviços ou sistemas dessa mesma organização ou de outras associadas.

Exemplos disto são os clientes e/ou empregados que acedem a software ou hardware dentro de uma empresa/empresa - e o nível de acesso, privilégios e restrições que cada utilizador tem ao fazê-lo - ou, num contexto governamental, a emissão e verificação de certidões de nascimento, bilhetes de identidade nacionais, passaportes ou cartas de condução (que permitem a um utilizador/cidadão não só provar a sua identidade, mas também aceder a serviços do governo e de outras organizações).

XVIII. O problema dos actuais sistemas de gestão da identidade

A identidade tem um problema. Se for baseada em papel, como certidões de nascimento paradas numa cave de uma câmara municipal, está sujeita a perda, roubo ou fraude. Uma identidade digital reduz o nível de burocracia e aumenta a velocidade dos processos dentro das organizações, permitindo uma maior interoperabilidade entre departamentos e outras instituições. Mas se esta identidade digital estiver armazenada num servidor centralizado, torna-se um alvo para os hackers. Só desde 2017, mais de 600 milhões de dados pessoais - como endereços ou números de cartões de crédito - foram pirateados, divulgados ou violados nas organizações. A maioria dos actuais sistemas de gestão de identidade são fracos e desactualizados.

As identidades têm de ser portáteis e verificáveis em todo o lado, a qualquer momento, e a digitalização pode permitir isso. Mas ser digital não é suficiente. As identidades também precisam de ser privadas e seguras.

Vários sectores sofrem os problemas dos actuais sistemas de gestão da identidade:

- **Governo**: A falta de interoperabilidade entre departamentos e níveis de governo tem um custo sob a forma de excesso de burocracia. O que, por sua vez, aumenta os tempos e os custos dos processos.
- **Cuidados de saúde**: metade da população mundial não tem acesso a cuidados de saúde de qualidade. A falta de interoperabilidade entre os intervenientes no sector dos cuidados de saúde (hospitais, clínicas, companhias de seguros, médicos, farmácias, etc.) conduz a cuidados de saúde ineficientes e a atrasos nos cuidados e frustrações para os doentes.
- **Educação**: Estima-se que só nos EUA sejam vendidos duzentos mil certificados académicos falsos por ano. A dificuldade em verificar a autenticidade destas credenciais leva à contratação de profissionais não qualificados, prejudicando a marca das universidades e das empresas contratantes.
- **Banca**: a necessidade de dados de acesso, tais como palavras-passe, diminui a segurança da banca para os utilizadores.
- **Empresas em geral**: a atual necessidade de armazenar dados pessoais de clientes e funcionários é uma fonte de responsabilidade para as empresas. Uma violação de dados pessoais pode resultar em coimas avultadas devido à violação do RGPD - como no caso da British Airways - ou simplesmente devido à perda de confiança dos clientes e consequentes danos na marca da organização.

XIX. Como é que a cadeia de blocos traz privacidade e segurança à gestão da identidade

Através da infraestrutura de uma cadeia de blocos, as partes verificadoras não precisam de verificar a validade dos dados reais na prova fornecida, mas podem antes utilizar a cadeia de blocos para verificar a validade da atestação e da parte que atesta (como o governo), a partir da qual podem determinar se validam a prova.

Por exemplo, quando um **titular de uma identidade** apresenta um **comprovativo** da sua data de nascimento, em vez de verificar a veracidade da própria data de nascimento, **a parte verificadora** validará a assinatura do governo que emitiu e atestou esta credencial para depois decidir se **confia na** avaliação do governo sobre a exatidão dos dados.

XX. Quais são os desafios que existem no sistema tradicional de gestão de identidades?

O atual sistema de gestão da identidade enfrenta os quatro grandes desafios seguintes:
1. Roubo de identidade

2. Combinação de nomes de utilizador e palavras-passe
3. Integração de KYC
4. Falta de controlo

Roubo de identidade

As pessoas partilham as suas informações pessoais em linha através de diferentes fontes ou serviços desconhecidos que podem colocar os seus documentos de identificação nas mãos erradas. Além disso, como as aplicações em linha mantêm servidores centralizados para armazenar dados, torna-se mais fácil para os piratas informáticos invadirem os servidores e roubarem informações sensíveis. De acordo com o Breach Level Index, todos os dias são roubados 4.861.553 registos, o que corresponde a:

* 202.565 registos por hora
* 3.376 registos por minuto
* 56 registos por segundo

As estatísticas das violações indicam a rapidez com que um hacker pode roubar informações pessoais ou outras informações confidenciais.

Uma combinação de nomes de utilizador e palavras-passe

Ao inscrever-se em várias plataformas online, os utilizadores têm de criar sempre um nome de utilizador e uma palavra-passe únicos. Torna-se difícil para um indivíduo lembrar-se de uma combinação de nomes de utilizador e palavras-passe para aceder a diferentes serviços. A manutenção de diferentes perfis de autenticação é uma tarefa bastante exigente.

Integração de KYC

O atual processo de autenticação envolve três partes interessadas, nomeadamente
* empresas de verificação/empresas KYC
* utilizadores
* terceiros que necessitem de verificar a identidade do utilizador

O sistema global é dispendioso para todas estas partes interessadas. Uma vez que as empresas KYC têm de servir pedidos de diferentes entidades, tais como bancos, prestadores de cuidados de saúde, funcionários dos serviços de imigração, etc., necessitam de mais recursos para processar rapidamente as suas necessidades. Por conseguinte, as empresas KYC têm de cobrar um montante mais elevado pela verificação, que é transferido para as pessoas como taxas de processamento ocultas. Além disso, as empresas terceiras têm de esperar muito tempo para integrar os clientes.

Um inquérito global sobre os desafios do "Know Your Customer" revelou que as despesas anuais globais com o KYC estão estimadas em 48 milhões de dólares.

Falta de controlo

Atualmente, é impossível aos utilizadores controlarem as informações pessoalmente identificáveis (IPI). Não tem conhecimento:
* quantas vezes as informações pessoais foram partilhadas sem o seu consentimento
* onde foram guardadas todas as suas informações pessoais

Consequentemente, o atual processo de gestão da identidade exige uma mudança inovadora. A utilização de cadeias de blocos para a gestão da identidade pode permitir que os indivíduos sejam proprietários da sua identidade, criando uma identificação global para servir múltiplos objectivos.

A cadeia de blocos oferece uma solução potencial para os desafios acima referidos, permitindo aos utilizadores uma sensação de segurança de que nenhum terceiro pode partilhar as suas informações pessoais sem o seu consentimento.

Utilizando a cadeia de blocos:

- uma plataforma pode ser concebida para proteger as identidades dos indivíduos contra violações e roubos
- as pessoas podem ser livres de criar identidades digitais auto-soberanas e encriptadas
- a necessidade de criar vários nomes de utilizador e palavras-passe pode ser eliminada

Agora, vamos perceber como é que a Gestão de Identidade Blockchain pode funcionar

Atualmente, as pessoas precisam de uma forma correcta de gerir a sua identidade em vez de documentos em papel. A aplicação para a gestão da identidade da cadeia de blocos ajudará as pessoas a verificar e autenticar a sua identidade em tempo real.

Passo 1: Instalação da aplicação móvel

Para estabelecer a sua identidade, o utilizador terá primeiro de descarregar a aplicação móvel da Play Store ou da App Store. Depois de descarregar a aplicação nos telemóveis, o utilizador criará um perfil na aplicação. Uma vez criado o perfil, o utilizador obterá um número de identificação único, que ajudará as organizações a aceder aos documentos de identificação do utilizador.

Etapa 2: Carregar os documentos

Depois de o utilizador obter o número de identificação, tem de carregar na aplicação as identificações emitidas pelo governo, que serão guardadas no IPFS com endereços com hash armazenados na cadeia de blocos. A aplicação extrairá as informações pessoais destes documentos de identificação para fazer a auto-certificação dos seus dados. O utilizador será o proprietário dos seus dados. Ajuda os utilizadores a decidir a informação a partilhar com as organizações. Sem o consentimento do utilizador, nenhum dado pode ser partilhado com quem procura a sua identidade.

Etapa 3: Contratos inteligentes que geram a pontuação de confiança da pessoa

Suponha que existe uma pontuação que determina a fiabilidade de uma pessoa. Os contratos inteligentes que contêm a lógica empresarial podem gerar uma pontuação de confiança para um utilizador a partir das informações fornecidas por ele ao criar uma identidade auto-soberana.

Etapa 4: Empresas terceiras que solicitam acesso

Sempre que uma empresa tiver de aceder a dados específicos de uma pessoa para efeitos de autenticação, será enviada uma notificação às pessoas que detêm a identidade. Quando o utilizador permite que as empresas acedam aos seus dados, terceiros podem utilizar as informações identificáveis para autenticar uma pessoa. Além disso, as pessoas poderão identificar a finalidade para a qual as suas informações pessoais foram utilizadas.

A cadeia de blocos não armazena os dados ou informações do utilizador. Em vez disso, as transacções efectuadas entre os titulares de identidade e as empresas serão apenas registadas na cadeia de blocos.

Por exemplo, se uma autoridade de imigração verificar a identidade de uma pessoa através de uma aplicação, então essa transação será adicionada à cadeia de blocos e visível para todos os nós ligados. Vamos analisar o exemplo com mais pormenor. Suponha que uma pessoa chamada Alex precisa de se autenticar para se candidatar a programas de estudo no estrangeiro. Assim, o centro de educação pode validar a sua identidade rapidamente devido à aplicação de gestão de identidade com base na blockchain.
Alex fornecerá o número de identificação único ao centro, permitindo-lhe submeter o pedido de acesso à informação. Depois de validar o pedido, o centro de ensino pode verificar os seus documentos e a transação será registada na cadeia de blocos.

CAPÍTULO 3: CONSENSO PROTOCOLO PARA AUTORIZADO

O consenso é o coração da cadeia de blocos. O consenso na cadeia de blocos é necessário para garantir propriedades muito básicas de "armazenamento de dados". Quanto maior for o número de intervenientes na rede, maior será a escalabilidade da rede, que é acompanhada de mais poder de computação ou de participação. Trata-se de construir um "armazém de dados partilhado" que possui qualidades de dados empresariais que as empresas obtêm da sua rede. Assim, é necessário um protocolo de consenso para garantir a segurança e a integridade dos dados da conceção da arquitetura.

O protocolo de consenso desempenha um papel fundamental na criação de um bloco que armazena a versão verdadeira de um grupo de transacções. A confiança é construída por algoritmos de consenso. O consenso é um estado de acordo com o qual a maioria das pessoas concorda. Neste artigo, discutiremos os tipos de protocolos de consenso que estão a ser utilizados no momento da criação do bloco e do armazenamento de transacções na conceção da cadeia de blocos a nível empresarial.

As cadeias de blocos com permissão não podem utilizar o mesmo tipo de modelos de consenso que se vêem nas cadeias de blocos sem permissão. Existem inúmeras variantes de tais algoritmos de consenso que estão disponíveis atualmente para as cadeias de blocos com permissão. Os mais populares que estão a ser implementados em muitas organizações em todo o mundo são:

XXI. Consenso PBFT

As cadeias de blocos autorizadas utilizam normalmente algoritmos pbft. Um dos modelos utilizados para facilitar o consenso na cadeia de blocos é o algoritmo prático de tolerância a falhas bizantinas (PBFT). Neste modelo, cada nó existe num estado interno, o que significa que manterá uma informação ou estado específico em curso.) Sempre que um nó recebe uma mensagem, utiliza a mensagem em função do seu estado interno para efetuar um cálculo ou uma operação.

Consequentemente, este cálculo enviará mensagens a outros nós para perguntar se a transação é válida. Depois de receber a verificação de todos os outros nós, o primeiro nó transmite essa decisão a todos os outros participantes na rede. A decisão consensual é obtida com base no total de confirmações apresentadas por todos os nós.

O PBFT pode ser muito benéfico para sistemas de armazenamento de baixa latência. Este tipo de modelo é frequentemente utilizado em **plataformas apoiadas em activos digitais** que não necessitam de uma grande capacidade, mas que realizam um **grande número de transacções**. O PBFT garante que os registos das transacções na rede são exactos. Alguns exemplos de blockchains com permissão que utilizam este modelo são o Hyperledger e o Chain.

XXII. Consenso Federado

No Consenso Federado, cada nó da rede blockchain deposita a sua confiança num conjunto de signatários que o ajudam a atingir a fase de consenso. Para levar a cabo o processo de forma eficiente, os signatários do bloco utilizam um único gerador de blocos, que recebe, guarda e filtra todas as transacções. A assinatura do gerador é utilizada para coordenar com os signatários o processo de validação do bloco. Cada signatário de bloco verificará o bloco que foi assinado pelo gerador de blocos e que preenche determinadas condições estabelecidas pela rede. Quando o gerador de blocos receber assinaturas suficientes da rede, o bloco será publicado na rede.

Este modelo garante segurança e transparência. É ideal para casos de utilização como **remessas transfronteiriças, KYC em tempo real**, etc. Exemplos comuns de cadeias de blocos que utilizam este modelo são a Stellar e a Ripple.

XXIII. Consenso Round Robin

No Consenso Round Robin, os validadores participam no processo de consenso assinando votos para os blocos. Normalmente, há três tipos principais de votos: um pré-voto, um pré-compromisso e um compromisso. Receber mais de dois terços de commits significa receber commits de uma maioria de dois terços dos validadores. Considera-se que um bloco foi aceite pela rede quando uma maioria de dois terços dos validadores tiver assinado e difundido os commits para esse bloco.

Em cada altura da cadeia de blocos, é executado um protocolo baseado em rondas para determinar o bloco seguinte. Cada ronda consiste em três passos (Propose, Prevote, e Precommit), juntamente com dois passos especiais Commit e NewHeight. Os passos Propose, Prevote e Precommit ocupam, cada um, um terço do tempo total atribuído a essa ronda. Cada ronda é mais longa do que a ronda anterior, seguida de um pequeno aumento fixo de tempo. Isto permite que a rede chegue a um consenso numa rede com concorrência limitada.

O processo de consenso round robin não depende de um único participante para o processo de validação do bloco. Neste modelo, vários nós desempenham um papel importante na validação e assinatura das transacções, o que torna este processo mais seguro quando comparado com outros processos de consenso. Há também menos hipóteses de ataques de gasto duplo devido à distribuição do poder de voto entre os nós de confiança. O mecanismo de consenso round robin é ideal para os **sectores do comércio, finanças e cadeia de abastecimento**. Algumas cadeias de blocos autorizadas bem conhecidas que utilizam o método de consenso Round Robin incluem a Multichain e a Tendermint

Objectivos de conceção para escolher o protocolo de consenso da cadeia de blocos correto

Se está a tentar decidir qual o protocolo de consenso correto para a sua cadeia de blocos, há alguns aspectos que deve ter em conta. Estes incluem

- A velocidade a que os seus blocos terão de ser escritos na cadeia de blocos? A formação de consenso pode levar tempo. Se o consenso for mais rápido, as garantias de confiança serão muito menores (e vice-versa).
- Que tipo de rede vai utilizar? É síncrona, parcialmente síncrona, eventualmente síncrona ou assíncrona? Por exemplo, a Internet não garante a entrega de mensagens e é geralmente considerada eventualmente síncrona.
- De quantos mineiros, escritores ou validadores acha que vai precisar? Estes nós especiais da cadeia de blocos são os que seleccionam os blocos a escrever na cadeia.

- Quão "final" precisa de ser um bloco? Os bancos e outras instituições financeiras esperam frequentemente que as transacções sejam imediatamente definitivas (ou seja, não podem ser revertidas). Alguns protocolos de consenso tratam as decisões de bloco como condicionadas a acções futuras. Noutros, os blocos podem eventualmente ser finais, mas não o são imediatamente.
- Até que ponto deposita a sua confiança nos nós/operadores? Está a tentar proteger a sua cadeia de blocos de nós que podem falhar, nós que podem tentar ativamente piratear a cadeia de blocos, ou ambos?

Numa cadeia de blocos com permissões, a escolha do **protocolo de consenso** correto **para a cadeia de blocos com permissões** depende de factores como o grau de descentralização necessário (por exemplo, o grau de confiança entre os participantes numa rede, o número de permissões que devem ser concedidas a todos os participantes para realizar tarefas importantes na rede, etc.).

Na maior parte das vezes, estes tipos de cadeias de blocos autorizadas utilizam normalmente algoritmos pbft (Practical byzantine fault tolerance) e as suas variantes, incluindo a votação e o consenso baseado na lotaria, em oposição a modelos de consenso como o consenso Proof-of-Work, que prevalece nas principais redes públicas sem autorização.

A adoção da tecnologia de cadeia de blocos pode proporcionar muitos benefícios, como maior transparência, segurança e rastreabilidade para empresas de todos os sectores. No entanto, as redes de cadeias de blocos não podem funcionar corretamente sem algoritmos de consenso para verificar todas as transacções que estão a ser efectuadas. É por isso que é crucial escolher o modelo de consenso correto para a sua cadeia de blocos específica.

XXIV. Tolerância a falhas bizantinas - Um guia completo

A introdução da tecnologia de cadeias de blocos em 2008, com um livro branco sobre sistemas de dinheiro eletrónico peer-to-peer de Satoshi Nakamoto, mudou a perceção da tecnologia. Ao longo dos anos, a tecnologia de cadeia de blocos tem encontrado muitas aplicações notáveis em diferentes sectores, para além do financeiro. Salvo algumas excepções, as soluções de cadeia de blocos são basicamente concebidas como descentralizadas por natureza. Diferentes nós dispostos numa rede distribuída tomam conta de um livro-razão digital que mantém um registo de todas as transacções na rede.

Todos os participantes devem concordar com transacções específicas para a sua validade, o que implica a necessidade de mecanismos de consenso como o Byzantine Fault Tolerance ou BFT. Embora seja comum encontrar a menção do BFT em diferentes discussões sobre a cadeia de blocos, as suas funções exactas são desconhecidas para muitos. O guia que se segue ajuda-o a descobrir as noções básicas do BFT, incluindo os seus fundamentos, benefícios e casos de utilização.

XXV. Porquê aprender sobre a tolerância a falhas bizantinas?

Os modelos de consenso são os principais componentes dos sistemas de cadeia de blocos distribuídos. São adições importantes no <u>ecossistema de cadeias de blocos</u> por oferecerem uma funcionalidade crucial prometida pela tecnologia de cadeias de blocos. Basicamente, servem de base para promover a interação entre utilizadores numa rede de cadeia de blocos num ambiente sem confiança.

A Tolerância Prática a Falhas Bizantinas é um exemplo proeminente de um dos mecanismos de consenso mais comuns com benefícios promissores. A implementação adequada de mecanismos de consenso em plataformas de <u>criptomoeda</u> pode resultar na criação de diversos tipos de redes com um potencial excecional.

Por conseguinte, é evidente que a cadeia de blocos ajuda as pessoas e os computadores a chegarem a acordo sobre as coisas sem terem de confiar uns nos outros. Os mecanismos de consenso estabelecem o conjunto de regras em que a rede de pessoas e computadores pode confiar facilmente. A tolerância a falhas bizantinas é uma intervenção proeminente no panorama das cadeias de blocos que permite a criação de <u>regras e protocolos de cadeias de blocos</u> credíveis.

XXVI. Conhecimentos prévios para aprender sobre a tolerância a falhas bizantinas

Se quiser aprender sobre a tolerância a falhas bizantinas na cadeia de blocos, é importante começar pelo básico. Em primeiro lugar, deixe-nos obter uma impressão detalhada de como funciona o consenso. Posteriormente, podemos descobrir como as tácticas militares se enquadram na equação com a tecnologia de cadeia de blocos e as suas aplicações.

XXVII. Pares e nós na cadeia de blocos

As soluções Blockchain funcionam sob a forma de redes que atribuem acesso e direitos iguais a todos os computadores da rede. Os nós podem comunicar diretamente uns com os outros. Então, o que é um nó? Cada computador na rede blockchain é referido como um par ou nó. Numa solução totalmente descentralizada, nenhum par ou nó tem mais poder do que outros pares ou nós.

Por conseguinte, uma cadeia de blocos não tem coordenadores, directores ou gestores para fazer cumprir as regras e determinar e punir comportamentos inaceitáveis. Pelo contrário, o sistema depende de um facto que implica que todos os <u>nós</u> seguem regras ou protocolos semelhantes para celebrar o acordo.

Consenso é o termo que encontra quando procura um acordo entre todos os nós, e significa literalmente "acordo geral". O consenso é a tarefa mais importante, mas difícil, num sistema descentralizado sem quaisquer autoridades. Uma grande parte dos nós deve concordar com a verdade ou a validade das informações ou transacções, garantindo assim o bom funcionamento do sistema ou da rede.

A rede de cadeias de blocos deve efetuar consensos a intervalos regulares. No entanto, mecanismos de consenso como o Byzantine Fault Tolerance são obrigatórios para lidar com a incerteza de alguns nós falharem ou se comportarem mal. Além disso, alguns nós podem discordar do consenso de outros nós. Além disso, alguns nós podem discordar do consenso de outros nós. Por conseguinte, é importante garantir que a conceção do sistema possa ultrapassar facilmente essas vulnerabilidades.

Quer saber como funcionam os nós da cadeia de blocos e como registam as transacções? Aqui está um guia sobre <u>como funciona a cadeia de blocos,</u> que responderá a todas as suas perguntas.

XXVIII.Explicação da tolerância a falhas bizantinas

Barbara Liskov e Miguel Castro introduziram o algoritmo BFT no final dos anos 90. Foi concebido para funcionar eficientemente como tolerância assíncrona a falhas bizantinas sem qualquer limite superior no tempo de receção de uma resposta a um pedido em causa. A aplicação prática do BFT foi desenvolvida para resolver problemas notáveis no modelo BFT existente. No entanto, é importante conhecer o modelo BFT, uma vez que este foi criado originalmente para compreender o BFT prático ou assíncrono.

As origens do algoritmo Byzantine Fault Tolerance remontam a 1982 com a fundação do Byzantine General's Problem. Leslie Lamport, Marshall Pease e Robert Shostak criaram o Byzantine General's Problem e, posteriormente, deram origem ao BFT. O conceito de BFT tem uma relação promissora com as tácticas militares, num cenário em que diferentes generais bizantinos se reúnem em torno de uma cidade inimiga antes de a atacarem. Alguns dos destaques notáveis do Problema do General Bizantino podem ajudar a compreender o trabalho atual do consenso da Tolerância a Falhas Bizantina.

1. Os diferentes generais bizantinos comandam as respectivas unidades em diferentes posições fora da cidade que vão atacar.
2. Os generais podem comunicar entre si através de mensageiros, enviando um mensagem de cada vez.
3. Os generais bizantinos devem coordenar e chegar a acordo sobre um determinado plano de ação para atacar ou retirar com êxito.
4. Se todos os generais atacarem ao mesmo tempo ou todos retirarem ao mesmo tempo, não há problema. No entanto, se um general recua enquanto os outros atacam ou ataca enquanto os outros recuam, o general acaba por perder. Por conseguinte, o resultado será mau para todos os generais e para as suas unidades.
5. Outro ponto importante no Problema do General Bizantino é o facto de alguns generais não serem leais. Estes generais podem tentar enviar informações erradas ou manipuladas a outros generais para os confundir.

Assim, o modelo de Tolerância a Falhas Bizantinas poderia ajudar a resolver este problema. Os generais precisariam de um algoritmo que pudesse garantir as seguintes condições.

1. Todos os generais leais agiriam e concordariam com o mesmo plano de ação.
2. Os generais leais do exército bizantino não seguiriam um mau plano sob a influência de generais traidores.
3. Os generais leais seguiriam todas as regras especificadas no algoritmo
4. Todos os generais leais do exército bizantino devem chegar a um consenso, independentemente das acções dos traidores.
5. Acima de tudo, os generais leais devem também chegar a um acordo sobre um plano concreto e razoável.

XXIX.   Como é que a BFT se aplica à cadeia de blocos?

Agora, é importante descobrir como o Problema do General Bizantino é aplicável no caso da cadeia de blocos. No caso de uma <u>rede peer-to-peer</u>, o acordo unânime entre nós leais e não faltosos pode ajudar a alcançar o consenso. A base da tolerância bizantina a falhas é visível num cenário em que todos os nós repetem uma mensagem recebida.

Se um nó repetir a mensagem recebida, isso indica claramente que não tem quaisquer problemas ou falhas. Por outro lado, se os destinatários repetirem a mensagem recebida, a rede pode facilmente excluir a possibilidade de nós bizantinos. O que é um nó bizantino?

O nó bizantino refere-se ao nó traidor que pode mentir ou induzir em erro outros nós da rede de forma intencional. O nó bizantino pode também induzir em erro ou mentir aos nós que participam no protocolo de consenso. Uma rede de cadeias de blocos perfeitamente operacional asseguraria que a tolerância a falhas bizantinas na cadeia de blocos a ajudasse a ultrapassar falhas. Os nós bizantinos ou os nós maliciosos podem levar a certas armadilhas conhecidas como falhas bizantinas.

Os utilizadores podem deparar-se com dois tipos distintos de falhas bizantinas, sendo a primeira de natureza completamente técnica. Um pequeno erro técnico no nó pode afetar a sua funcionalidade e, em alguns casos, pode deixar de responder ou de funcionar completamente. O outro tipo de falha bizantina refere-se à falha arbitrária do nó. No caso de uma falha de nó arbitrária, um nó pode apresentar as seguintes características,

1. Não devolver um resultado
2. Fornecer respostas com resultados incorrectos
3. Responder a consultas com resultados deliberadamente enganadores
4. Fornecer uma resposta a uma única consulta com resultados diferentes para diferentes componentes do sistema

A tolerância a falhas bizantinas (Byzantine Fault Tolerance ou BFT) ajuda a ultrapassar todos estes desafios de forma eficaz, reduzindo o impacto dos nós maliciosos. Pode proteger a rede de falhas perigosas do sistema e garantir o funcionamento ideal da rede. Basicamente, permite que os nós honestos e os nós maliciosos façam o seu próprio trabalho sem afetar o desempenho da rede. Ao longo de muitos anos, a investigação exaustiva sobre o Problema Geral Bizantino e a otimização com um conjunto variado de soluções práticas levou à introdução de muitas melhorias em relação ao BFT convencional.

XXX.   O que é o Consenso Prático BFT?

O Practical Byzantine Fault Tolerance surgiu como uma das optimizações proeminentes do BFT em 1999 por Barbara Liskov e Miguel Castro no seu artigo académico com o título "Practical Byzantine Fault Tolerance". O principal objetivo do BFT prático era resolver as discrepâncias evidentes no mecanismo de consenso BFT original.

O mecanismo de consenso **pBFT** pretende assegurar uma replicação prática da máquina de estados bizantina para tolerar nós bizantinos ou falhas. A noção primária subjacente ao mecanismo prático de BFT refere-se ao pressuposto da existência de falhas de nós independentes. O BFT prático também assume que determinados nós independentes são responsáveis pela propagação de mensagens manipuladas.

O aspeto mais marcante do mecanismo prático BFT é o facto de ser ideal para sistemas assíncronos. Além disso, também é capaz de oferecer um elevado desempenho e um tempo de execução excecional. Com o BFT prático, os utilizadores teriam de se deparar apenas com um ligeiro aumento da latência.

XXXI. Destaques da prática de BFT

Se quiser saber mais sobre a tolerância a falhas bizantina prática ou assíncrona, tem de compreender as suas características. Aqui estão alguns dos aspectos significativos que ditam claramente um mecanismo de consenso BFT assíncrono.

1. Basicamente, todos os nós no modelo BFT assíncrono ou prático estão dispostos numa sequência. Um nó na rede serve como nó primário ou nó líder, e os outros nós são conhecidos como nós de backup.
2. Todos os nós do sistema permitem a capacidade de comunicação entre nós. O principal objetivo da comunicação consiste em garantir que os nós honestos da rede possam chegar a um acordo específico sobre o estado do sistema de cadeia de blocos com base na maioria.
3. Os nós têm a capacidade de comunicar uns com os outros de forma contínua e consistente. A BFT prática garante que os nós não só verificam a mensagem como também garantem que a mensagem não foi objeto de quaisquer modificações durante a transmissão.

XL. Funcionamento do pBFT

O funcionamento do modelo prático de tolerância a falhas bizantinas depende profundamente de certos pressupostos. O pressuposto mais proeminente em relação ao BFT prático refere-se ao facto de o número de nós maliciosos na rede não poder ser igual ou superior a um terço do total de <u>nós</u> no sistema para uma janela específica de vulnerabilidade.

A existência de nós adicionais no sistema reduziria a probabilidade matemática de um número de nós equivalente a quase um terço do total de nós no sistema se tornar malicioso. O algoritmo BFT prático garante a facilidade de segurança e a vivacidade para um número de nós até (n-1)/1/3. Neste caso, n denota o número total de nós que são maliciosos ou defeituosos simultaneamente. O resultado seguinte acaba por apontar para a correção das respostas que os clientes recebem aos seus pedidos com base na linearização.

XLI. Etapas do consenso na prática da TAS

Para compreender a variante prática do algoritmo Byzantine Fault Tolerance, tem de compreender as fases do seu consenso. Todas as rondas do consenso prático do BFT incluem geralmente quase 4 fases. O modelo desvia-se ligeiramente do Problema do General Bizantino puro, adoptando uma abordagem de "Comandante e Tenente". Por isso, não vai achar que todos os generais são iguais no BFT privado.

Os passos importantes para compreender o funcionamento da BFT são os seguintes,

1. Os clientes enviam pedidos ao nó líder para invocar uma operação de serviço específica.
2. O nó líder pode então enviar o pedido por multicast para os nós de apoio na rede.
3. Os nós podem também assegurar a execução dos pedidos atribuídos, enviando em seguida uma resposta relevante ao cliente.
4. O cliente ficaria então à espera de (f+1) respostas de vários nós com um resultado semelhante. Neste caso, "f" representa o número máximo de nós com possibilidade de falhas. O resultado reflecte basicamente o resultado da operação.

Também é importante garantir que os nós estão a cumprir os requisitos importantes para a tolerância a falhas bizantinas na Blockchain. Os nós devem ser determinísticos e começar com o mesmo estado para uma BFT prática. O resultado final implicaria que todos os nós honestos chegassem a um acordo sobre a ordem do registo. Os nós podem aceitar ou rejeitar o registo no resultado final. É interessante notar que o BFT prático utiliza um formato do tipo round-robin para modificar o nó líder em cada vista.

Além disso, também é possível substituir o nó líder por um protocolo conhecido como mudança de vista. Este protocolo é adequado para os casos em que o nó líder não tenha efectuado o multicast do pedido durante um determinado período de tempo. Além disso, a tolerância a falhas bizantina prática ou assíncrona garante que uma grande maioria de nós honestos possa decidir em conjunto sobre a natureza defeituosa de um líder. Os nós honestos podem também substituir o líder defeituoso pelo nó líder seguinte na sucessão como seu substituto.

Vantagens e desvantagens da BFT prática

O modelo BFT prático para o <u>consenso da cadeia de blocos</u> foi adaptado para aplicações práticas. O artigo académico original subjacente ao BFT prático também delineou as deficiências específicas, ao mesmo tempo que apresenta as principais melhorias para a <u>implementação</u> do algoritmo em sistemas do mundo real. O Practical Byzantine Fault Tolerance pode ajudar a garantir as seguintes vantagens.

1) **Flexibilidade e rapidez das transacções**

Em primeiro lugar, pode fornecer a garantia da finalidade da transação sem qualquer requisito de confirmações, como na <u>prova de trabalho</u>. Pode encontrar uma diferença considerável entre o modelo PoW utilizado pela Bitcoin e o BFT prático. Quando os nós num modelo BFT prático concordam com um bloco em questão, o bloco é considerado final. A finalidade baseia-se no facto de todos os nós honestos estarem de acordo quanto ao estado do sistema num determinado momento. A comunicação entre os nós honestos ajuda a garantir um acordo credível sobre o estado do sistema.

2) **Baixo consumo de energia**

A próxima vantagem importante deste algoritmo de tolerância a falhas bizantinas em comparação com o consenso PoW é a redução do consumo de energia. O modelo de prova de trabalho utilizado na Bitcoin implica a necessidade de uma ronda PoW para cada bloco. Gradualmente, os mineiros da rede Bitcoin aumentam o consumo de eletricidade, que pode ultrapassar o consumo anual de eletricidade de pequenos países.

O BFT prático não envolve esforços computacionais intensivos, levando assim a uma profunda redução no consumo de energia eléctrica. Com o BFT prático, os mineiros não têm de resolver algoritmos de hashing PoW para cada bloco, exigindo recursos computacionais intensivos.

No entanto, a BFT prática também tem alguns contratempos. Por exemplo, o modelo BFT prático só é aplicável na sua forma clássica. Por conseguinte, está limitado a grupos de consenso de pequena dimensão para evitar os volumes pesados de comunicação necessários entre nós. Além disso, a utilização de assinaturas digitais e de códigos de autenticação de métodos para a autenticação de mensagens pode apresentar problemas de ineficiência.

XLII. Linha de fundo

Por último, é evidente que a tolerância a falhas bizantinas tem um papel significativo na transformação das abordagens de consenso. As aplicações de cadeias de blocos estão lentamente a ganhar força em diferentes sectores. No entanto, há muitas preocupações que estão a surgir nas modernas redes de cadeias de blocos.

Por conseguinte, é importante olhar para o BFT como um instrumento vital para garantir que a rede funciona normalmente apesar dos actores maliciosos. A cadeia de blocos é acessível e transparente, pelo que pode convidar muitos participantes indesejados que pretendam defender os seus interesses privados. Assim, torna-se necessário um entendimento claro dos mecanismos de consenso como o BFT e improvisações como o BFT prático. Saiba mais sobre o modelo BFT agora!

XLIII. Problema dos Generais Bizantinos

O Problema dos Generais Bizantinos é uma versão avançada do "Problema dos Dois Generais", em que pode haver muitos generais e estes não precisam de concordar apenas no momento do ataque, mas aqui um ou mais de um general pode ser traidor.

A resposta é que o consenso é alcançado quando 2/3 dos actores são honestos. Se os traidores forem mais de 1/3, o consenso não é alcançado, os exércitos não coordenam o seu ataque e o inimigo vence. Pode ler isto em pormenor neste link.

Isto deve ficar claro no diagrama abaixo, onde vemos o ponto de vista do Tenente 2.

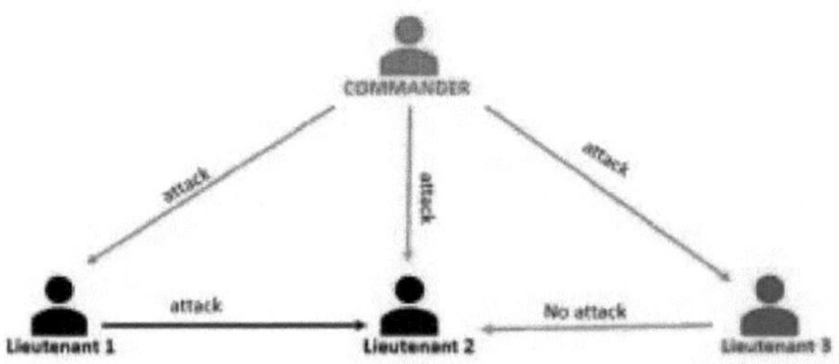

Neste cenário, o Tenente 3 é um traidor

Como mostra o diagrama acima, o Comandante envia o comando "atacar" a todos os Tenentes
1. O Tenente-1 envia um comando de "ataque" ao Tenente-2

2. O tenente 3 envia o comando "não atacar" ao tenente 2. Agora, o tenente 2 tem 2 comandos "atacar" e 1 comando "não atacar", pelo que a maioria é "atacar", pelo que vai optar pelo comando "atacar".

Consideremos outro cenário em que o comandante é um traidor.

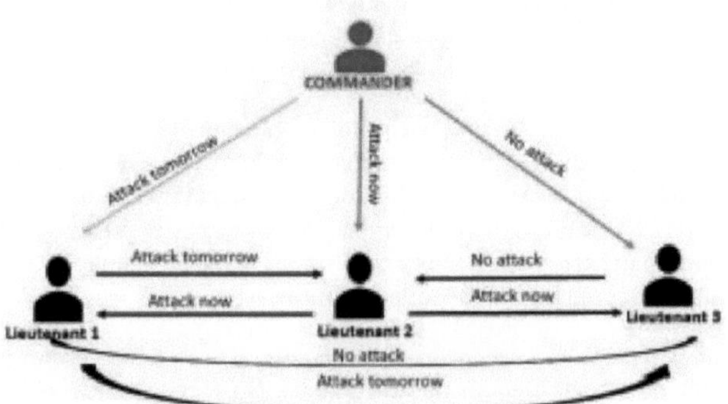

Neste cenário, o comandante é um traidor

Como mostra o diagrama acima,

1. O comandante envia o comando "atacar amanhã" ao tenente-1, o comando "atacar agora" ao tenente-2 e o comando "não atacar" ao tenente-3 .

2. O Tenente-1 envia o comando "atacar amanhã" ao Tenente-2 e ao Tenente-3.

3. O Tenente-2 envia o comando "atacar agora" ao Tenente-1 e ao Tenente-3.

4. O Tenente-3 envia uma ordem de "não atacar" ao Tenente-1 e ao Tenente-2.

Agora, o Tenente-1 terá o comando "atacar amanhã", "atacar agora" e "não atacar", pelo que, uma vez que não há maioria, irá retirar-se.

O mesmo se aplica aos outros tenentes.

CAPÍTULO 4: BITCOIN E BLOCKCHAIN

Quando falamos de **Bitcoin Script,** estamos a falar de uma linguagem de programação simples utilizada no Bitcoin para o processamento de transacções que é lida da esquerda para a direita. Esta baseia-se numa série de estruturas lineares, conhecidas como pilha, que contêm dados existentes por ordem LIFO (Last In - Firt Out). Cada instrução nesta linguagem é executada uma após a outra consecutivamente.

Esta linguagem não é Full Turing **porque a sua funcionalidade é limitada e não pode fazer loops.** Por isso, não é capaz de resolver qualquer tipo de problema, como **as máquinas de Turing**. No entanto, esta limitação é intencional, uma vez que evita a execução de erros e loops infinitos ou intermináveis. Onde partes maliciosas do programa podem ser livres para criar operações complicadas para consumir a taxa de hash e abrandar o sistema Bitcoin através de loops infinitos.

Uma linguagem de programação é necessária porque nos permite escrever programas e que os computadores executem os nossos desejos. No Bitcoin, para comunicarmos os nossos desejos, utilizamos os **opcodes (OP CODES),** que servem para várias funções. Como manipulação de memória, matemática, loops, chamadas de funções, entre muitas outras.

Por conseguinte, o **Bitcoin Script é essencialmente um conjunto de instruções programadas que são registadas com cada transação efectuada.** Estas instruções descrevem como os utilizadores podem aceder e utilizar os bitcoins disponíveis na rede.

XLIV. O que é um OP_CODE ou código de operação?

Em informática, um OP CODE (código de operação, em inglês) é uma parte de uma instrução em linguagem de máquina que especifica a operação a efetuar. A sua especificação e formato serão determinados pela arquitetura do conjunto de instruções (ISA) do componente que processa a instrução. Geralmente, este processamento é efectuado pelo hardware do computador (normalmente uma CPU).

Mas também pode ser um software especialmente preparado para emular o funcionamento de uma CPU e processar essas instruções. Em geral, uma instrução completa em linguagem de máquina contém um OP_CODE e, opcionalmente, a especificação de um ou mais operandos, sobre os quais o código de operação deve atuar. Algumas operações têm operandos implícitos, ou nenhum.

Na Bitcoin e em muitas outras criptomoedas, os OP_CODES são a espinha dorsal do sistema que lhe permite programar instruções de transação. Lembre-se de que o Bitcoin (e outras criptomoedas derivadas dele) é dinheiro programável. E aqui a palavra-chave é "programável", uma vez que o Bitcoin Script é, de facto, uma linguagem de programação onde são dadas instruções em OP_CODES que a rede Bitcoin definiu previamente para o seu funcionamento. De facto, devido à estrutura em que a BItcoin foi criada, existe a possibilidade de definir 256 OP_CODES, diferentes dos quais começam do número 0 ao 255. Destes 256 OP_CODES, um total de 116 estão atualmente activos.

Estes OP_CODES são os que lhe permitem realizar as diferentes operações na Bitcoin e no seu agendamento de transacções, tais como controlo do fluxo de dados, gestão de constantes, gestão de pilhas, gestão lógica, aritmética, bloqueio de tempo, pseudopalavras, operações criptográficas e palavras reservadas. Pode ver uma lista completa e actualizada dos diferentes OP_CODES diretamente no <u>código bitcoin</u>.

OP_Codes Disponibles PT Bitcoin Script

scritpSig e scriptPubKey, as partes essenciais de todos os BitcoinScript

Na rede Bitcoin, cada Bitcoin Script é dividido em dois tipos de scripts,

O **scriptSig** e o **scriptPubKey. Primeiro, o scriptSig é o script de desbloqueio, que requer uma chave pública e uma assinatura digital.** De facto, após a deteção de vários problemas nas primeiras versões do software Bitcoin, foram incluídas verificações de assinatura. Assim, o sistema só aceita realizar transacções se as assinaturas e a sua verificação cumprirem uma série de regras estabelecidas que garantem um comportamento adequado na rede.

O segundo, **o scriptPubKey, é o script de bloqueio, que contém um hash de chave pública, também chamado de endereço Bitcoin.** Alguns scripts Bitcoin requerem multi-assinaturas, ou seja, a autorização de vários utilizadores para realizar a transação. Neste caso, o script é mais complicado porque é uma operação muito maior do que a operação peer-to-peer padrão. Na verdade, o agendamento de transacções Bitcoin como tal é armazenado nesta parte do script.

XLV. Objetivo da sua criação

O objetivo da criação de uma linguagem de script no Bitcoin é fornecer uma série de parâmetros fáceis e flexíveis para permitir uma transação. Assim, quando <u>Satoshi Nakamoto</u> desenvolveu o Bitcoin, desactivou várias funções, incluindo a multiplicação. Assim, o script é mantido simples em termos de programação. Portanto, é essa linguagem de programação que determina se uma operação pode ou não ser realizada. Ou seja, se a referida operação está autorizada para a transferência de fundos.

Simplificando, a criação do Bitcoin Script é o que dá a natureza programável do Bitcoin. É isto que nos permite, por exemplo, enviar uma transação que só é validada se determinadas condições forem cumpridas. Essa propriedade é algo exclusivo do Bitcoin e das criptomoedas, algo que o dinheiro digital de hoje não consegue alcançar, muito menos o arcaico dinheiro físico. É a evolução do dinheiro chegando a um ponto em que até o dinheiro pode agir de forma independente e descentralizada simplesmente atendendo à programação embutida nele.

Além disso, **o script Bitcoin também evita a criação de erros no sistema e a utilização desnecessária de transacções muito complexas.** De facto, o script torna as transacções relativamente fáceis de calcular. Além disso, os loops infinitos requerem muito mais poder de computação e tornam as redes mais lentas, como mencionado no início.

Exemplo de um script Bitcoin

Antes de continuarmos a aprofundar o que é e os diferentes elementos que compõem um Bitcoin Script, vamos ver um pequeno exemplo. A seguir, veremos um pequeno Bitcoin Script amplamente utilizado hoje em dia para transacções de Bitcoin. Explicaremos o seu comportamento e funcionamento, bem como as diferentes partes que o compõem, e depois aprofundaremos as suas propriedades.

Exemplo de um Script Bitcoin: Transacções em Bitcoin usando o script P2PKH

O Bitcoin Script está presente em todas as acções do Bitcoin. A verdade é que cada operação em Bitcoin é realizada por um script específico que define o que vai ser feito. Fora do que esse script diz, nada pode acontecer.

Por exemplo, se quisermos fazer uma transação, um script para isso seria o seguinte:

SECCIONES	CONTENIDO DEL BITCOIN SCRIPT
scriptPubKey	OP_DUP OP_HASH160 [illegible] OP_EQUALVERIFY OP_CHECKSIG
scriptSig (signature)	[illegible]
scriptSig (Pub Key)	[illegible]

Todo o conteúdo acima é uma simples transação Bitcoin do tipo P2PKH (Pay to Public Key Hash). Este tipo de script é um script padrão e, de facto, é a forma mais utilizada para enviar bitcoins.

À primeira vista, aparece como algo muito enigmático e

difícil de compreender. A verdade é que, por detrás de tanta
complexidade, existe um sistema simples que lhe vamos explicar de seguida.

Explicar minuciosamente a transação

O Bitcoin Script anterior é delimitado em duas partes: ScriptPubKey e scriptSig. Na primeira, estão as acções a realizar, enquanto a segunda contém a assinatura e a chave pública para verificar a autenticidade dessas acções. Desta forma, garante-se que apenas quem tem acesso aos fundos pode efetuar qualquer operação com os mesmos. Por outro lado, existem os OP_CODES que na operação são os seguintes:

- **OP_DUP:** Duplique o item na pilha superior.
- **OP_HASH160:** A entrada é codificada duas vezes: primeiro com SHA-256 e depois com RIPEMD-160.
- **OP_EQUALVERIFY:** Verifique se os dados introduzidos são correctos e válidos.
- **OP_CHECKSIG:** As saídas, as entradas e o script de toda a transação são resumidos num hash. A assinatura utilizada deve ser uma assinatura válida para este hash e deve estar junto à chave pública.

Agora, o que acontece durante a execução do script é o seguinte:

1. Primeiro, a chave pública original do proprietário (que se encontra no scriptSig) dos fundos é duplicada.
2. A chave pública duplicada passa então por um processo de hashing. Neste processo, é aplicado primeiro um hash SHA-256 e, em seguida, é aplicado um hash RIPEMD-160 ao resultado.
3. O resultado dos hashes é comparado com o hash da chave pública que está no scriptPubKey para garantir que é EQUALVERIFY (ou seja, é a mesma chave e é verificada como válida).
4. Se corresponder, o script continua a ser executado e o CHECKSIG é executado para verificar a assinatura com a chave pública.

Desta forma, tudo o que é indicado no script é realizado de forma segura e programada. Se quiser saber mais sobre como funciona o Bitcoin Script, onde pode ver alguns vídeos que explicam muito mais sobre esta interessante linguagem.

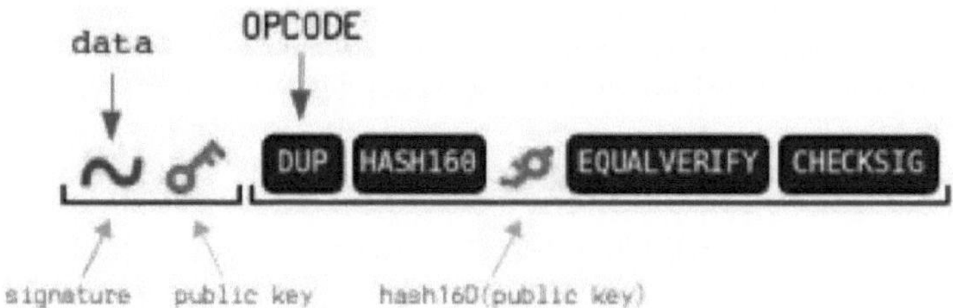

XLVI. Bitcoin Script, a linguagem de contrato inteligente da Bitcoin

Muitas pessoas pensam e argumentam que o Bitcoin não é capaz de executar contratos

<u>inteligentes</u>. A verdade é que isso não é verdade, uma vez que com o Bitcoin Script como tal você cria contratos inteligentes. É certo que as suas capacidades são limitadas em comparação com o que pode fazer, por exemplo, <u>Ethereum,</u> mas isso não significa que o Bitcoin Script não tenha a capacidade de criar contratos inteligentes. Mas vamos explicar-lhe isto de uma forma mais simples e mais detalhada.

Em primeiro lugar, como já dissemos, o Bitcoin Script não é uma linguagem Full Turing. Isto deve-se ao facto de não necessitar de maior complexidade para desempenhar as funções pretendidas. Mas, uma das principais razões é que, como não há loops, pode saber com certeza quando e como um determinado programa vai terminar. Não existe a possibilidade de execução de erros, o que lhe dá maior segurança. Também não existe a possibilidade de os programas serem bloqueados ou de o seu executor ser bloqueado, que neste caso é a Bitcoin.

Um bom exemplo da importância destas protecções é o facto de, com o Bitcoin Script, ser impossível criar scripts que funcionem para sempre. De facto, o risco de um script que corre para sempre é que abriria portas para atacar a rede através de um <u>ataque de negação de serviço (DoS)</u>.

Mas o facto de o Bitcoin Script limitar este tipo de operações protege a rede de tais ataques. Assim, não há hipótese de um programa Script com um loop contínuo poder impedir que o Bitcoin funcione corretamente. Simplificando, o Bitcoin Script é muito mais seguro do que as suas contrapartes mais complexas, como as apresentadas por **Ethereum** o **NEO**.

XLVII. O melhor guia de scripts de Bitcoin

Introdução ao Bitcoin Script

Script é uma linguagem do tipo Forth, baseada em pilha, polimento reverso, Turing Incomplete. Sim, isso parece muito complicado, mas na verdade não é. Vamos analisar cada um dos termos de trás para a frente.

Turing Incompleto

Uma linguagem Turing Incomplete terá uma funcionalidade limitada e não será capaz de efetuar saltos e/ou loops. Por isso, não pode entrar num ciclo infinito. Ser Turing Complete significa que, dados os recursos e a memória, um programa Turing Complete será capaz de resolver qualquer problema. <u>O Solidity</u> é um exemplo de uma linguagem de Turing Complete.

Então, porque é que o Bitcoin Script não é Turing Complete?

Porque não precisa de o ser. O Bitcoin Script não precisa de ser tão complicado como um <u>contrato inteligente</u> Ethereum. Na verdade, se um script fosse Turing Complete, teria dado a partes maliciosas a liberdade de criar transacções complicadas e consumir o <u>hashrate</u> da Rede Bitcoin e abrandar todo o sistema.

1) **ReverterPolimento**

A notação polonesa inversa é um <u>sistema em que os operadores</u> seguem os operandos.
   Significado:
- 3+4 aparecerá como 34+.

- Então, para somas mais longas e complicadas:
- 5*3+4 aparecerá como 534+*.

2) Baseado em pilha

As pilhas são uma das estruturas de dados mais populares. De acordo com o Wikilivros, podem ser consideradas logicamente como uma estrutura linear representada por uma pilha física real, uma estrutura em que a inserção e a eliminação de itens têm lugar numa extremidade chamada topo da pilha.

A ideia básica de pilha é LIFO ou Last In First Out (último a entrar, primeiro a sair). Considere a seguinte pilha de livros:

Qual foi o primeiro livro que foi colocado nesta pilha? Lone Wolf & Cub, certo? Qual foi o último livro? Jardins da Lua.

Se tiver de tirar um livro desta pilha, Lobo Solitário & Filhote não será o livro que vai tirar primeiro, mas sim Jardins da Lua.

Por isso, o último a entrar é o primeiro a sair.

O último livro que foi para esta pilha será o primeiro a ser retirado.

Agora, há duas operações de pilha que precisa de conhecer:

- Empurre.
- Pop.

Empurre: O ato de adicionar coisas à pilha chama-se empurrar.

Pop: O ato de remover coisas da pilha chama-se popping. Como foi mencionado anteriormente, o último item que foi colocado na pilha é retirado primeiro.

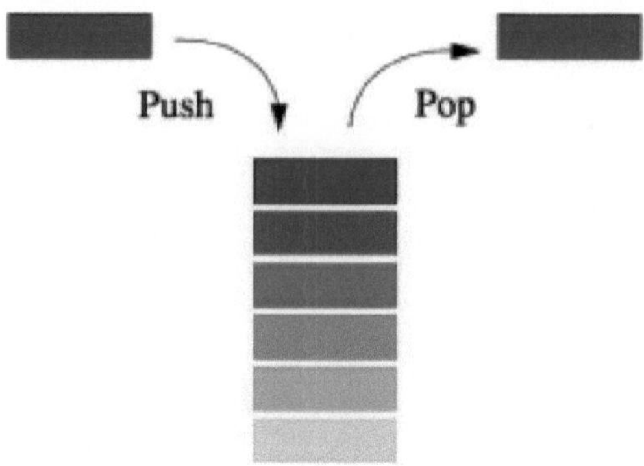

3) Forth-Like

Este é bastante simples. Acontece que o Bitcoin Script se assemelha à linguagem de programação "Forth", que também é baseada em pilha.

Agora que já sabemos o que é um script, vamos perceber como funcionam as transacções.

Como funcionam as transacções numa Bitcoin?

Antes de continuarmos, um grande agradecimento ao Professor Donald J Patterson e ao seu canal do Youtube "djp3" pela explicação.

Suponha que Alice quer enviar um determinado número de bitcoins para Bob. Como funciona o sistema de transacções em bitcoin? As transacções em bitcoin são muito diferentes das transacções em carteiras Fiat. Se Alice quisesse dar 2 dólares a Bob, teria de retirar fisicamente 2 dólares da sua carteira e dá-los a Bob. No entanto, as coisas não funcionam assim na bitcoin. Não possui fisicamente qualquer bitcoin, o que tem é a prova de que possui Bitcoins.

Há mais duas coisas que precisa de saber:

- Os mineiros validam as suas transacções colocando os dados dentro das minas que bloquearam. Em troca da prestação deste serviço, cobram uma taxa de transação.

- No que diz respeito à moeda FIAT, não se sabe muito bem como e onde obteve essa nota específica. Por exemplo, abra a sua carteira agora mesmo e tire todas as notas e moedas que tem dentro dela. Sabe dizer exatamente onde foi buscar cada uma das notas e moedas? É provável que não saiba. No entanto, na bitcoin, o histórico de cada transação de bitcoin é anotado.

Ok, então agora vamos mergulhar profundamente em como ocorre uma transação de bitcoin entre Alice e Bob. Existem dois lados de uma transação, o Input e o Output. Toda esta transação terá um nome que iremos descobrir no final. Por enquanto, vamos ver a dinâmica.

4) Entrada de transacções

Para que esta transação se concretize, Alice precisa de obter bitcoins que recebeu de várias transacções anteriores. Lembre-se, como dissemos anteriormente, nas bitcoins, cada moeda é contabilizada através de um histórico de transacções.

Assim, suponha que Alice precisa de retirar bitcoins das seguintes transacções que designaremos por TX(0), TX(1) e TX(2). Estas três transacções serão somadas e isso dar-lhe-á a transação de entrada que designaremos por TX(Input).

Em termos esquemáticos, o seu aspeto será o seguinte:

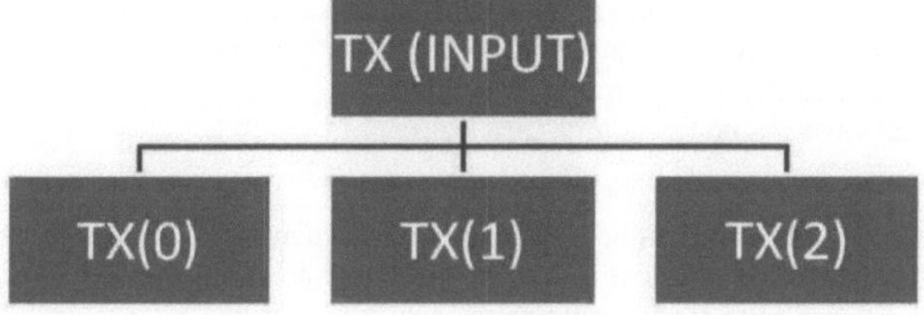

Então, é isso do lado da entrada, vamos ver como será o lado da saída.
Saída de transação

A saída terá basicamente o número de bitcoins que Bob possuirá, após a transação, e qualquer troco restante, que é enviado de volta para Alice. Este troco torna-se então o seu valor de entrada para todas as transacções futuras.

Uma representação pictórica do lado da saída tem o seguinte aspeto:

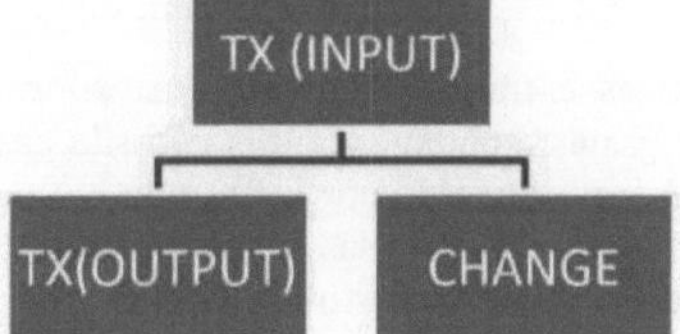

Agora, esta é uma transação muito simples que tem apenas uma saída (para além da CHANGE), existem transacções que são possíveis com várias saídas.
É assim que se apresenta o esquema básico da transação. No entanto, para que tudo isto se concretize, devem ser cumpridas determinadas condições.

4) **Condições de uma transação**

- TX(entrada) > TX(saída). A transação de entrada tem de ser sempre maior do que a transação de saída. Em qualquer transação, o défice entre o input e o output (output+change) corresponde às taxas de transação que os mineiros cobram. Portanto: Taxas de transação = TX(entrada) - (TX(saída) + variação).
- No lado da entrada:

TX(0) + TX(1) + TX(2) = TX(Entrada).

Se Alice não tiver os fundos necessários para efetuar as transacções, os <u>mineiros</u> rejeitarão simplesmente as transacções.
- Bob terá de mostrar que pode fornecer a prova necessária para obter as bitcoins. Alice

irá bloquear as transacções com o endereço público de Bob. Terá de apresentar a sua chave privada para desbloquear as transacções e ter acesso às suas comissões.
- Alice também precisa de verificar se tem os direitos necessários para enviar os bitcoins em primeiro lugar. A forma como o faz é assinando a transação com a sua assinatura digital (também conhecida como a sua chave privada). Qualquer pessoa pode descodificá-la utilizando a sua chave pública e verificar que foi de facto Alice quem enviou os dados. Esta prova é designada por "dados de assinatura". Lembre-se disto porque será muito importante mais tarde.

Então, qual vai ser o nome de toda esta transação?

Os dados de entrada (incluindo os dados de assinatura) e os dados de saída são somados e submetidos a um hash utilizando o algoritmo de hash SHA 256. O hash de saída é o nome que é dado a esta transação.

Então, agora vamos olhar para os bastidores e ver como é realmente a transação.

A transação do script bitcoin: Nos bastidores

Este é o aspeto da transação no formulário de código.

Suponha que Alice quer enviar 0,0015 BTC para Bob e, para o fazer, envia entradas que valem 0,0015770 BTC.

Um olhar mais atento às saídas de transação

Como vimos acima, todas as entradas de uma transação se transformam em saídas, algumas destas saídas são gastas, enquanto outras não são gastas e transformam-se em mudança. Este troco é também conhecido por UTXO ou Unspent Transaction Output. O UTXO continua a transformar-se em entradas em transacções futuras.

O resultado de cada transação é composto por duas partes:
- O valor dessa saída.
- O puzzle criptográfico é designado por script de bloqueio, script de testemunha ou scriptPubKey. O puzzle tem de ser desbloqueado para que possa gastar o dinheiro. Este puzzle é codificado utilizando a linguagem bitcoin Script.

Assim, vamos examinar os resultados de uma transação para identificar as partes acima mencionadas.

```
"vout": [
{
"value": 0.01500000,
"scriptPubKey": "OP_DUP OP_HASH160 ab68025513c3dbd2f
7b92a94e0581f5d50f654e7                         OP_EQUALVERIFY
OP_CHECKSIG"
},
{
"value": 0.08450000,
"scriptPubKey": "OP_DUP OP_HASH160 7f9b1a7fb68d60c53
6c2fd8aeaa53a8f3cc025a8 OP_EQUALVERIFY OP_CHECKSIG",
}
]
```

Muito bem, então temos duas saídas no código dado acima.

Uma saída tem um valor de 0,015 BTC enquanto a outra tem um valor de
0,0845 BTC. Para desbloquear o valor de 0,015, o script de bloqueio que precisa de
desbloquear é o seguinte:

```
"scriptPubKey":
"OP_DUP OP_HASH160 ab68025513c3
dbd2f7b92a94e0581f5d50f654e7
OP_EQUALVERIFY OP_CHECKSIG"
```

6) Um olhar ainda mais atento às entradas de transação

Vejamos agora o outro lado da moeda, as entradas de transação.

Para fazer uma entrada, a carteira do utilizador analisa os seus UTXOs e selecciona
os que têm valor suficiente para que a transação seja efectuada.

Por exemplo, se a Alice quiser enviar 0,15 BTC para o Bob e aqui o conjunto
UTXO tem o seguinte aspeto:

- UTXO A = 0,09 BTC
- *UTXO B = 0,2 BTC*
- *UTXO C = 0,005 BTC*

Que UTXOs serão escolhidos para esta transação? Correto, A e B serão escolhidos,
e o que sobrar será o UTXO para a próxima transação da Alice.

Agora, vamos ver um código de entrada.

```
"vin": [
{
"txid": "7957a35fe64f80d234d76d83a2a8f1a0d8149a
41d81de548f0a65a8a999f6f18",
"vout": 0,
"scriptSig" : "3045022100884d142d86652a3f47ba474
6ec719bbfbd040a570b1deccbb6498c75c4ae24cb0220
4b9f039ff08df09cbe9f6addac960298cad530a863ea8f5
3982c09db8f6e3813[ALL]0484ecc0d46f1918b30928
fa0e4ed99f16a0fb4fde0735e7ade8416ab9fe423cc541
2336376789d172787ec3457eee41c04f4938de5cc1
7b4a10fa336a8d752adf",
"sequence": 4294967295
}
]
```

Vejamos o que cada parte do script de entrada inclui:

- **txid:** O ID da transação refere-se à transação a partir da qual este UTXO foi gerado. Isto ajuda a manter o registo da transação
- **vout:** Refere-se à saída da transação que está a ser utilizada. Por exemplo, se essa transação tiver dois UTXOs, o primeiro terá a etiqueta 0 (porque, como vimos anteriormente, a contagem começa a partir de 0 e não de 1) e o segundo terá a etiqueta 1. Neste caso, estamos a utilizar o primeiro UTXO, ou seja, o UTXO 0.
- **scriptSig:** Como já foi referido, cada UTXO contém um script de bloqueio. O scriptSig inclui os dados necessários para desbloquear os dados.
- **sequência:** Foi incluída para ajudar as pessoas a actualizarem as suas transacções antes de serem confirmadas e finalizadas num bloco. Não é assim tão relevante para ajudar a compreender os princípios básicos.

7) Serialização das transacções

Agora vamos juntar tudo isso e ver o que temos. Quando uma transação é retransmitida através de uma rede, é serializada. Como diz Andreas Antonopoulos,

> **"A serialização é o processo de conversão da representação interna de uma estrutura de dados num formato que pode ser transmitido um byte de cada vez, também conhecido como fluxo de bytes."**

Nas duas secções anteriores, vimos uma simples transação de uma entrada e uma saída. Se a serializássemos
e armazená-lo em formato hexadecimal, qual seria o seu aspeto?

0100000001186f9f998a5aa6f048e51dd8419a14d8a0f1a8
a2836dd734d2804fe65fa35779000000008b4830450221
00884d142d86652a3f47ba4746ec719bbfbd040a570b1de
ccbb6498c75c4ae24cb02204b9f039ff08df09cbe9f6adda
c960298cad530a863ea8f53982c09db8f6e381301410484
ecc0d46f1918b30928fa0e4ed99f16a0fb4fde0735e7ade8
416ab9fe423cc5412336376789d172787ec3457eee41c04
f4938de5cc17b4a10fa336a8d752adffffffffff0260e316000
00000001976a914ab68025513c3dbd2f7b92a94e0581f5d
50f654e788acd0ef8000000000001976a9147f9b1a7fb68
d60c536c2fd8aeaa53a8f3cc025a888ac 00000000

Sim, este autor não bateu acidentalmente com a cabeça no teclado... é assim que se parece.

No entanto, não se assuste. Em breve, vamos dar-lhe sentido. Algures nesse fluxo hexadecimal, temos os nossos dados de entrada e os nossos dados de saída. Vamos encontrá-los a ambos!

8) A serialização de saída

A serialização da parte de saída da transação contém as seguintes partes:

Size	Field	Description
8 bytes (little-endian)	Amount	Bitcoin value in satoshis (10^{-8} bitcoin)
1–9 bytes (VarInt)	Locking-Script Size	Locking-Script length in bytes, to follow
Variable	Locking-Script	A script defining the conditions needed to spend the output

Agora, que dados sobre a produção sabemos realmente?

- Existem dois valores de saída.
- Um valor de saída vale 0,015 BTC ou 1.500.000 satoshis
- Em hexadecimal, 1.500.000 é 16 e3 60, o que, quando codificado em little-endian, ou seja, o byte menos significativo primeiro, dá 60 e3 16.
- O comprimento de scriptPubKey é de 25 bytes, ou seja, 19 em hexadecimal.

Então, tome nota destas informações, vamos procurar os nossos dados de saída.

0100000001186f9f998a5aa6f048e51dd8419a14d8a0f1a8
a2836dd734d2804fe65fa35779000000008b4830450221
00884d142d86652a3f47ba4746ec719bbfbd040a570b1de
ccbb6498c75c4ae24cb02204b9f039ff08df09cbe9f6adda
c960298cad530a863ea8f53982c09db8f6e381301410484
ecc0d46f1918b30928fa0e4ed99f16a0fb4fde0735e7ade8
416ab9fe423cc5412336376789d172787ec3457eee41c04
f4938de5cc17b4a10fa336a8d752adffffffffff0260e316000
00000001976a914ab68025513c3dbd2f7b92a94e0581f5d
50f654e788acd0ef8000000000001976a9147f9b1a7fb68
d60c536c2fd8aeaa53a8f3cc025a888ac 00000000

9) A serialização de entrada

A serialização de entrada contém os seguintes componentes:

Size	Field	Description
32 bytes	Transaction Hash	Pointer to the transaction containing the UTXO to be spent
4 bytes	Output Index	The index number of the UTXO to be spent; first one is 0
1–9 bytes (VarInt)	Unlocking-Script Size	Unlocking-Script length in bytes, to follow
Variable	Unlocking-Script	A script that fulfills the conditions of the UTXO locking script
4 bytes	Sequence Number	Used for locktime or disabled (0xFFFFFFFF)

Consegue agora localizar a entrada da sua transação?

0100000001186f9f998a5aa6f048e5531dd8419a14d8a0f
1a8a2836dd734d2804fe65fa35779000000008b48304502
2100884d142d86652a3f47ba4746ec719bbfbd040a570b1
deccbb6498c75c4ae24cb02204b9f039ff08df09cbe9f6ad
dac960298cad530a863ea8f53982c09db8f6e3813014104
84ecc0d46f1918b30928fa0e4ed99f16a0fb4fde0735e7ad
e8416ab9fe423cc5412336376789d172787ec3457eee41c
04f4938de5cc17b4a10fa336a8d752adffffffffff0260e3160
000000001976a914ab68025513c3dbd2f7b92a94e0581f5
d50f654e788acd0ef80000000000001976a9147f9b1a7fb6
8d60c536c2fd8aeaa53a8f3cc025a888ac 00000000

Muito bem, então o que é que vimos até agora?

- As saídas de uma transação e os UTXOs.
- Os inputs de uma transação.
- Como toda a transação está a ser serializada.

Agora, sabemos que os UTXOs só podem ser utilizados se estiverem desbloqueados. Sabemos que os valores de entrada têm scriptSig que ajuda a desbloqueá-los. Como é que interagem uns com os outros?

No entanto, antes de chegarmos a isso, devemos ter uma ideia de como os cálculos e as operações acontecem num script de <u>bitcoin.</u>

XLViii.Como é que o guião funciona?

Antes de continuarmos com o Script, será útil compreender como funciona um sistema de polimento invertido baseado em pilha.

Adição simples num sistema de polimento invertido baseado em pilha

Como já dissemos anteriormente, 3+4 em polimento invertido vai parecer 34+, vamos executar a operação de adição usando uma pilha.

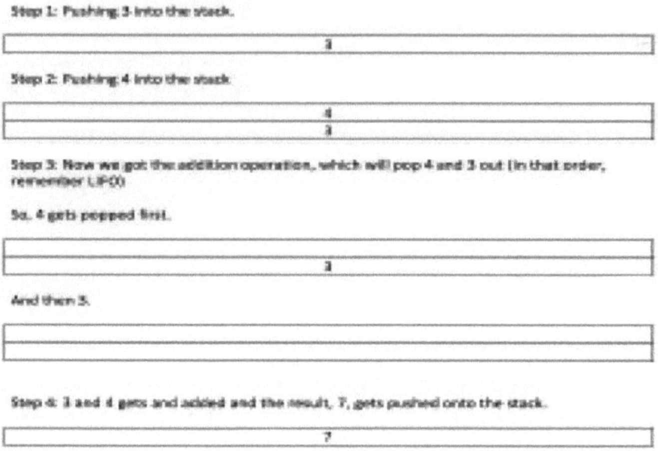

Step 1: Pushing 3 into the stack.

3

Step 2: Pushing 4 into the stack

4
3

Step 3: Now we got the addition operation, which will pop 4 and 3 out (in that order, remember LIFO)

So, 4 gets popped first.

3

And then 3.

Step 4: 3 and 4 gets and added and the result, 7, gets pushed onto the stack.

7

É assim que uma simples operação de adição é feita na pilha. Agora que isto está feito, como é que isto seria se fosse um script?

OP_3 OP_4 OP_ADD

Apenas a aparência muda, o resto da operação permanece a mesma, como mostrado acima. O prefixo "OP_" é uma assinatura da linguagem Script.

Simple Addition Using Bitcoin Script with a Check

Now suppose we want to do 2+3=5.
In Reverse Polish it will look like 23+5=.
In script notation it will look like this:
OP_2 OP_3 OP_ADD OP_5 OP_EQUAL

Step 1: Pushing 2 into the stack

2

Step 2: Pushing 3 into the stack

3
2

Step 4: Since the ADD operation has come in 3 gets popped out of the stack

2

And then 2

Step 5: Both 3 and 2 gets added and 5 gets pushed into the stack

5

Step 6: 5 gets pushed onto the stack

5
5

Step 7: The Equal operation now pops the first 5 out.

5

And then pops the second 5 out.

Step 8: Now both the numbers are checked if they actually are equal or not. If they are then TRUE gets pushed onto the stack. If not, then FALSE.

Since in this case 5=5 is TRUE, it gets pushed onto the stack.

TRUE

Agora, o que teria acontecido se tivéssemos utilizado o postfixo VERIFY em EQUAL? Ou seja, em vez de OP_EQUAL usámos OP_EQUALVERIFY?

No momento em que adiciona o sufixo VERIFY, TRUE ou FALSE não é colocado na pilha, em vez disso, o script continua a ser executado se TRUE ou pára de ser executado se for FALSE.

Isto é o que acontece quando acrescenta "VERIFY" a um código de operação. Tenha isto em mente para exemplos futuros.

Muito bem, vamos dar um último exemplo.

Simple Duplication in the Script
We are taking this example just to introduce you to an extremely important opcode, DUP aka duplicate.
Let's, we want to push a number into a stack,
duplicate it, and see if the two numbers are same or not (which it obviously will be).
We are going to use this script:
OP_5 OP_DUP OP_EQUALVERIFY

Muito bem, agora que já tem uma ideia de como os cálculos são processados no bitcoin Script, vamos continuar com as nossas transacções e ver como são executadas.

XLIX. O jogo de bloquear e desbloquear

As transacções em bitcoin são um jogo constante de bloqueio e desbloqueio. Os UTXOs são bloqueados pela scriptPubKey, enquanto as entradas da transação contêm o scriptSig. A ideia da scriptPubKey é oferecer um puzzle criptográfico que só pode ser desbloqueado através do scriptSig correspondente.

Então, o que acontece exatamente e como se joga este jogo?

Suponha que Alice quer enviar uma bitcoin a Bob. O endereço público do Bob é do conhecimento geral e ela enviará as suas bitcoins para o endereço público do Bob com uma condição: o Bob tem de provar que é ele que está a receber a bitcoin.

Agora, vamos voltar um pouco atrás e rever alguns conceitos básicos.

Todos os utilizadores de bitcoin têm duas chaves:
- Chave privada.

- Chave pública.

A chave pública é derivada criptograficamente da chave privada.

Agora, para que o dinheiro lhe seja enviado, todos têm de ter um endereço público. O seu endereço público é submetido a dois algoritmos de hashing, o SHA-256 e o RIPEMD-160. A razão pela qual fazemos isto é para garantir que tem uma camada extra de proteção, SE no caso de alguém descobrir como gerar a sua chave privada usando a sua chave pública (o que é inviável).

Nota: A chave pública passa primeiro pelo SHA-256 para obter um hash de saída de 256 bits e, em seguida, esse hash é executado pelo RIPEMD-160, que fornece um hash de saída de 160 bits. Assim, a saída final é um hash de 160 bits.

Muito bem, Alice enviará o dinheiro para o endereço público de Bob, com a condição de que Bob apresente uma prova de que foi ele quem recebeu o dinheiro.

A prova que Bob utiliza para desbloquear os fundos é a sua Assinatura Digital, que deriva criptograficamente da sua chave privada.

Pense nas transacções que Alice envia a Bob como um cofre fechado, e a assinatura de Bob como a senha.

Agora, voltando ao nosso guião.

Alice envia a Bob uma saída que tem a scriptPubKey, que inclui o endereço de Bob.

O Bob desbloqueia a entrada utilizando a sua assinatura de scriptSig, que inclui a sua assinatura e a sua chave pública.

Então, como é que representamos isto em código?

```
scriptPubKey = OP_DUP OP_HASH160
<Bob's public address> OP_EQUALVERIFY OP_CHECKSIG.
    Note: How OP_HASH160 and OP_CHECKSIG works will be clear
to you soon.
scriptSig = <Bob's signature> <Bob's public key>
```

Para desbloquear a saída e utilizar os seus fundos, Bob concatena ou junta o scriptSig e o scriptPubKey da seguinte forma:

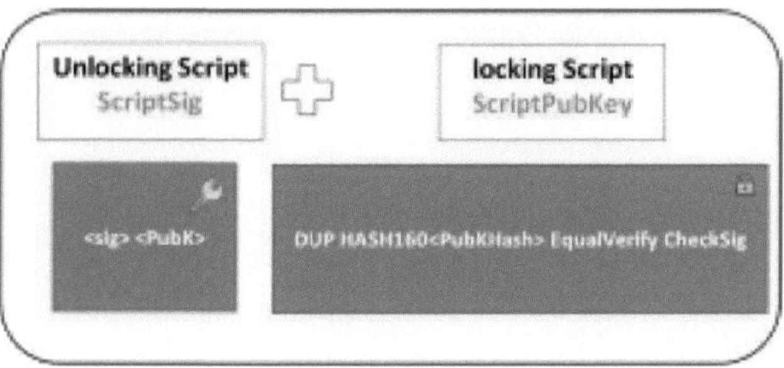

Muito bem, agora vamos ver como funciona o script para dar ao pobre Bob acesso aos seus fundos. Neste momento, o guião tem o seguinte aspeto:

```
<Bob's signature>
<Bob's public key>
OP_DUP OP_HASH160
<Bob's public address>
OP_EQUALVERIFY OP_CHECKSIG.
```

Implementação do script do processo UnlockingZVerification

Ok, agora vamos ver como funciona a implementação do script de todo o processo de verificação/desbloqueio.

O OP_CHECKSIG extrai a chave pública de <Bob> e a assinatura de <Bob> e verifica a sua validade para saber que são assinaturas e endereços públicos válidos.

Quando todo este processo estiver concluído, o Bob pode desbloquear a transação e ter acesso aos seus fundos.

O que vê aqui é o tipo mais comum de transação de bitcoin: A P2PKH, também conhecida como "pay to public key hash".

Então, o que é este misterioso operador CHECKSIG e como é que funciona? Bem, para isso precisamos de olhar para a criptografia por detrás da bitcoin.

A um nível elevado, quase todas as criptomoedas herdam o mesmo design de rede P2P do Bitcoin. Com o Gnutella como pano de fundo, você deve estar agora totalmente equipado para entender a camada de rede do Bitcoin. Ela é realmente muito similar ao Gnutella, com alguns acréscimos que cobriremos nesta lição.

1) **Entrar na rede**

Até agora, analisámos as redes de mexericos em estado estacionário. Mas como é que alguém se junta a uma rede de mexericos? Será que se consulta aleatoriamente os nós na Internet até encontrar alguém com o software certo? (Felizmente, não.)

Todos os protocolos P2P requerem um **nó de arranque** para o introduzir na rede e ajudá-lo a inicializar a sua lista de pares. Este nó de arranque é o seu ponto de entrada na rede P2P, a partir do qual pode encontrar organicamente novos pares.

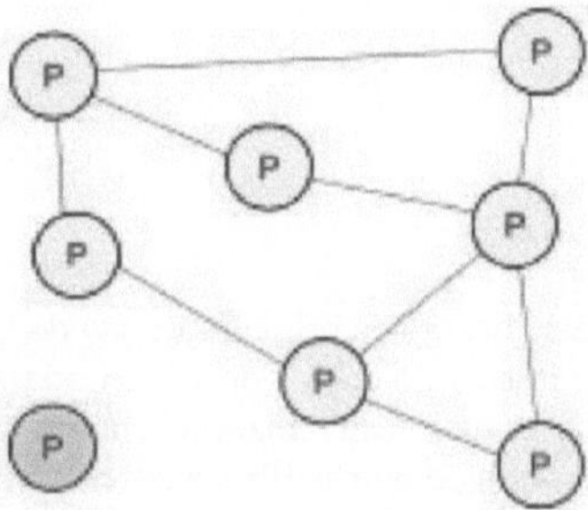

Naturalmente, o perigo de um nó de arranque é que, se não for autenticado, pode ser malicioso e efetuar um ataque man-in-the-middle ou eclipse.

No Bitcoin Core, a implementação canónica do Bitcoin, estes nós de arranque são codificados como servidores DNS de confiança mantidos pelos programadores do núcleo.

```
// From:
https://github.com/bitcoin/bitcoin/blob/master/src/chainparams.cpp
    vSeeds.emplace_back("seed.bitcoin.sipa.be");
// Pieter Wuille, only supports x1, x5, x9, and xd
    vSeeds.emplace_back("dnsseed.bluematt.me");
// Matt Corallo, only supports x9
    vSeeds.emplace_back("dnsseed.bitcoin.dashjr.org");
// Luke Dashjr
    vSeeds.emplace_back("seed.bitcoinstats.com");
// Christian Decker, supports x1 - xf
    vSeeds.emplace_back("seed.bitcoin.jonasschnelli.ch");
// Jonas Schnelli, only supports x1, x5, x9, and xd
    vSeeds.emplace_back("seed.btc.petertodd.org");
// Peter Todd, only supports x1, x5, x9, and xd
    vSeeds.emplace_back("seed.bitcoin.sprovoost.nl");
// Sjors Provoost
    vSeeds.emplace_back("dnsseed.emzy.de");
// Stephan Oeste
    JavaScript
        Copy
```

Como um ponto interessante da história, a primeira versão do Bitcoin inicializou sua lista de pares encontrando pares através de canais de IRC. Cada nó Bitcoin vinha com um pequeno cliente IRC que na primeira inicialização entrava num canal aleatório entre bitcoin00 e bitcoin99. Se encontrasse outros IPs nestes canais, tentaria ligar-se a eles até preencher a sua lista inicial de pares.

Esta forma de bootstrapping foi eventualmente abandonada depois que o servidor IRC (LFNet) foi desligado, o que temporariamente bloqueou o procedimento de descoberta de pares do Bitcoin. Desde então, o Bitcoin tem contado com este sistema baseado em DNS para bootstrapping.

A descoberta inicial de pares é um ponto de estrangulamento inerente a todas as redes P2P. Mas após essa fase, um nó é livre de preencher a sua tabela de pares com os pares que escolher.

2) Proteção contra spam em Bitcoin

Deve lembrar-se que um dos pontos fracos dos protocolos P2P é o controlo de qualidade. Como é que você impede que os maus actores enviem spam para a rede até à morte? Nós já dissemos isso antes. Acontece que o Bitcoin usa um sistema de reputação para lidar com esse problema, implementado em 2011 por Gavin Andresen.

Digamos que você é um nó Bitcoin e acabou de iniciar a sua lista de pares. Você começa atribuindo a cada um dos seus pares uma pontuação de spam de 0. Sempre que esse par se comporta mal com você, a pontuação de spam dele aumenta. Pense nisto como um registo criminal P2P - na ausência de um sistema judicial central, todos na rede têm de vigiar o comportamento de todos os outros.

Pode obter uma lista de pares inicial utilizando o dig para efetuar uma consulta DNS a um destes nós bootstrap através de uma linha de comandos UNIX.

```
$ dig seed.bitcoin.sipa.be
; <<>> DiG 9.10.6 <<>> seed.bitcoin.sipa.be
;; global options: +cmd
;; Got answer:
;; ->>HEADER<<- opcode: QUERY, status: NOERROR, id: 64217
;; flags: qr rd ra; QUERY: 1, ANSWER: 25, AUTHORITY: 0,
ADDITIONAL: 1
;; ANSWER SECTION:
seed.bitcoin.sipa.be. 3337 IN A 214.99.158.195
seed.bitcoin.sipa.be. 3337 IN A 202.230.171.5
seed.bitcoin.sipa.be. 3337 IN A 20.79.84.168
seed.bitcoin.sipa.be. 3337 IN A 91.173.63.7
seed.bitcoin.sipa.be. 3337 IN A 45.74.113.110
seed.bitcoin.sipa.be.
3337 IN A 168.160.113.156
seed.bitcoin.sipa.be. 3337 IN A 29.239.106.205
seed.bitcoin.sipa.be. 3337 IN A 25.142.230.178
seed.bitcoin.sipa.be. 3337 IN A 146.73.72.54
# ... and so on.
Bash
Copy
```

Pequenas infracções, como não enviar uma mensagem de versão num aperto de mão inicial, aumentarão a sua pontuação em 1 ponto. Tentativas de DoS mais sérias, como enviar mais de 50.000 ids numa mensagem INV (inventário), farão com que você ganhe 20 pontos.

Quando um peer acumula 100 pontos, o seu cliente automaticamente faz um shadowbans durante 24 horas e pára de falar com ele. Estas pontuações de spam não são realmente propagadas no protocolo entre pares. (Porque é que acha que não são?) Mas mesmo assim, este sistema serve como uma defesa decente contra nós mal comportados.

3) Privacidade a nível da rede

As redes P2P implicam compromissos de privacidade intrínsecos. Pense nisso: todas as mensagens na rede estão a ser divulgadas abertamente, e qualquer pessoa é livre de observar todas as mensagens que passam. Para uma rede financeira como a Bitcoin, esta falta de privacidade não é exatamente o ideal.

O Bitcoin permite alguma privacidade financeira graças ao seu pseudónimo. Se o mundo souber que a conta 1G9HFbCRikgPpQboURsdqszy9HbKtvceZ5 gastou 0,25 BTC numa farmácia estrangeira duvidosa, talvez eu esteja bem. Mas se alguém conseguir descobrir que foi o meu IP que enviou originalmente a transação assinada, de repente a minha privacidade fica comprometida.

As redes P2P são resistentes à censura, mas não são de todo resistentes à vigilância.

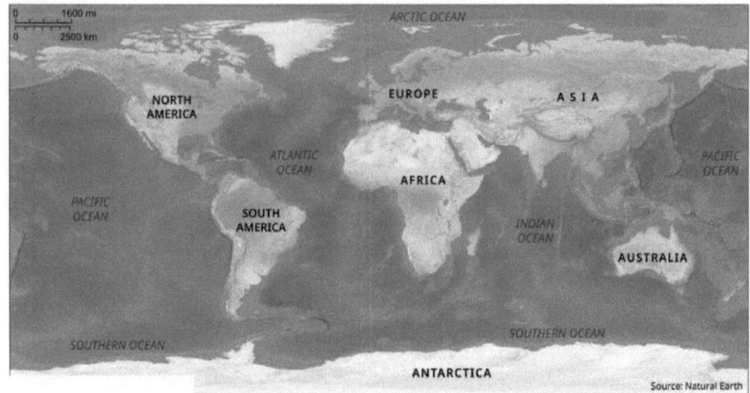

Por defeito, um nó Bitcoin normal faz 8 ligações de saída a outros pares. No entanto, o cliente Bitcoin é de código aberto, então qualquer um é livre para modificar o seu cliente para se conectar a tantos pares quanto quiser. Existem cerca de 10.000 peers ativos na rede Bitcoin atualmente e, em princípio, alguém poderia se conectar a todos eles. Isso faria de si um **supernó**.

Com um supernó, pode acompanhar todas as mensagens enviadas em qualquer parte da rede e reconstruir o histórico de todas as mensagens a partir de uma visão de Deus.

Isto permitir-lhe-ia essencialmente descobrir que endereços correspondem a que IPs e desanonimizar as transacções Bitcoin.

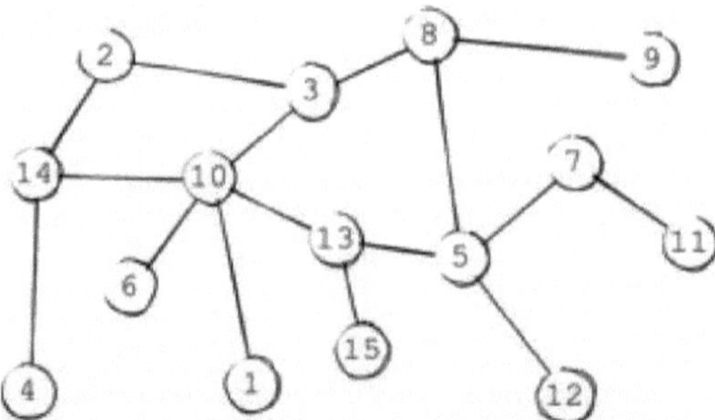

Um supernó pode reconstruir o fluxo de mensagens após o facto. Crédito: Kauri.io A propagação de boatos não foi concebida para manter a privacidade. Lembre-se, no momento em que uma mensagem é recebida, cada nó imediatamente a inunda para todos os seus pares de saída. Isso deixa um rastro óbvio de onde cada mensagem começou. Mesmo que um observador passivo estivesse ligado a apenas 50% da rede, veria claramente a "onda de mensagens" que emana do remetente.

Em 2015, a Bitcoin alterou a forma como propagava as mensagens de boatos para conseguir uma melhor privacidade. Agora usa um método chamado **difusão**. Na difusão, em vez de inundar imediatamente para cada par, o cliente espera um atraso exponencial aleatório antes de fofocar para cada um dos seus pares.

Isto tem o efeito de obscurecer o gráfico de mensagens P2P, tornando mais difícil observar a origem da "onda de mensagens".

```
def gossip(msg):
for peer in peers:
schedule_send(peer, msg, wait=np.random.exponential(1.0 / theta))
Python
Copy
```

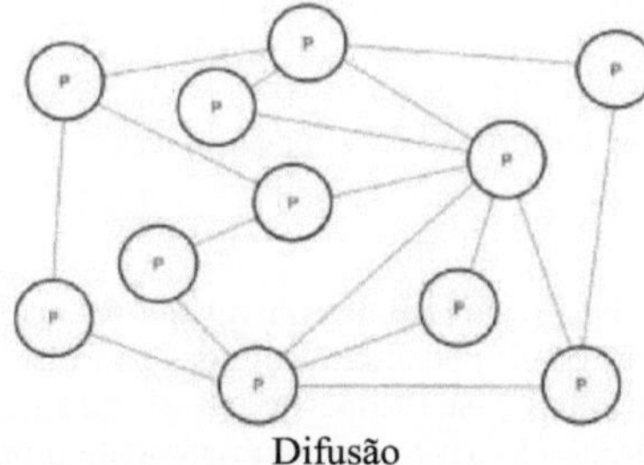

Difusão

Mesmo com isso, no entanto, a privacidade na camada de rede do Bitcoin está longe de ser perfeita. A difusão ainda vaza um pouco de informação para um adversário passivo. Além disso, as mensagens P2P não são criptografadas bilateralmente, então sniffers passivos de pacotes podem facilmente bisbilhotar qualquer tráfego Bitcoin em texto claro.

Ainda há muito trabalho a ser feito para melhorar a privacidade do Bitcoin a nível da rede. Alguns utilizadores preocupados com a privacidade preferem o Bitcoin ao Tor para a privacidade da rede, mas mesmo isso tem problemas.

Recentemente, investigadores da CMU criaram um melhoramento da difusão conhecido como **Protocolo Dandelion** que oferece melhores garantias de privacidade ao nível da rede.

No protocolo Dandelion, cada transmissão de transação começa com um jogo secreto de telefone. O originador sussurra a sua transação a apenas um peer, que a sussurra a outro peer, e assim sucessivamente numa cadeia. Depois de um número aleatório de saltos, o par final irá transmitir a transação, tal como na Bitcoin. Mas esse peer está tão distante do originador que para qualquer observador é impossível dizer com quem a cadeia começou.

Isso é muito mais eficaz para ofuscar o IP do originador, mas tem o custo de uma propagação mais lenta da mensagem. O Dandelion está agora a ser considerado como um possível aumento do mecanismo de gossip do Bitcoin, e já foi implementado noutras criptomoedas. Fornecemos mais recursos sobre o Dandelion na leitura adicional.

4) **A vida numa rede P2P**

Agora deve ter um melhor modelo mental de como as mensagens se propagam em redes de criptomoedas. Devido às suas arquitecturas gossip, as criptomoedas são "eventualmente consistentes" - não fornecem quaisquer garantias concretas sobre quando a sua mensagem será vista pelo resto da rede. Além disso, nem todos os nós verão o mesmo estado ao mesmo tempo.

Transação na rede Bitcoin

Como novo utilizador, pode <u>começar a utilizar</u> a Bitcoin sem compreender os detalhes técnicos. Depois de instalar uma carteira Bitcoin no seu computador ou telemóvel, esta irá gerar o seu primeiro endereço Bitcoin e poderá criar mais sempre que precisar. Pode divulgar os seus endereços aos seus amigos para que eles possam pagar-lhe ou vice-versa. Na verdade, isto é muito semelhante ao funcionamento do correio eletrónico, exceto que os endereços Bitcoin devem ser utilizados apenas uma vez.

Saldos - cadeia de blocos

A cadeia de blocos é um livro-razão **público partilhado** no qual toda a rede Bitcoin se baseia. Todas as transacções confirmadas são incluídas na cadeia de blocos. Permite que as carteiras de Bitcoin calculem o seu saldo de gastos para que as novas transacções possam ser verificadas, garantindo assim que são realmente propriedade do gastador. A integridade e a ordem cronológica da cadeia de blocos são reforçadas com <u>criptografia</u>.

Transacções - chaves privadas

Uma transação é **uma transferência de valor entre carteiras Bitcoin** que é incluída na cadeia de blocos. As carteiras Bitcoin mantêm um dado secreto chamado <u>chave privada</u> ou seed, que é usado para assinar transações, fornecendo uma prova matemática de que elas vieram do proprietário da carteira. A <u>assinatura</u> também impede que a transação seja alterada por qualquer pessoa depois de ter sido emitida. Todas as transacções são transmitidas para a rede e, normalmente, começam a ser confirmadas dentro de 10 a 20 minutos, através de um processo chamado <u>mineração</u>.

Processamento - exploração mineira

A mineração é um **sistema de consenso distribuído** que é utilizado para <u>confirmar</u> transacções pendentes, incluindo-as na cadeia de blocos. Este sistema impõe uma ordem cronológica na cadeia de blocos, protege a neutralidade da rede e permite que diferentes computadores cheguem a acordo sobre o estado do sistema. Para serem confirmadas, as transacções têm de ser agrupadas num <u>bloco</u> que se enquadre em regras criptográficas muito rigorosas que serão verificadas pela rede. Estas regras impedem que os blocos anteriores sejam modificados, uma vez que isso invalidaria todos os blocos subsequentes. A mineração também cria o equivalente a uma lotaria competitiva que impede qualquer indivíduo de adicionar facilmente novos blocos consecutivos à cadeia de blocos. Desta forma, nenhum grupo ou indivíduo pode controlar o que é incluído na cadeia de blocos ou substituir partes da cadeia de blocos para reverter os seus próprios gastos.

CAPÍTULO 5: COMÉRCIO ELECTRÓNICO COM CADEIA DE BLOCOS

Os métodos de pagamento normais utilizados nos sítios de comércio eletrónico, como os cartões de débito/crédito, são por vezes guardados no sítio Web e os piratas informáticos podem aproveitar para roubar o dinheiro. Esta situação provoca grandes perdas e, por vezes, é quase impossível apanhar o pirata informático. Mesmo o pin do cartão multibanco pode ser visto secretamente por alguém que utilize câmaras.

Uma nova investigação revela a facilidade com que os criminosos podem piratear uma conta ou descobrir o número do cartão, a data de validade e o código de segurança de qualquer cartão Visa ou de débito pode demorar apenas seis segundos e não utiliza mais do que adivinhação. Uma investigação publicada pela IEEE security and privacy mostra como o chamado ataque de adivinhação distribuída é capaz de contornar todas as características de segurança implementadas para proteger os pagamentos em linha. O número de fraudes relacionadas com os cartões de crédito/débito também está a aumentar de dia para dia a um ritmo muito elevado.

LI. Aplicações

Os sistemas de pagamento podem ser revolucionados, uma vez que são utilizados pagamentos baseados no código QR, o que garante que as transacções são rápidas e precisas. Além disso, a cadeia de blocos é utilizada juntamente com o sistema baseado no código QR, pelo que todas as transacções têm um elevado nível de segurança, armazenando-as na cadeia de blocos. Uma vez armazenadas na cadeia de blocos, as transacções tornam-se imutáveis, o que significa que ninguém as pode piratear ou alterar. Este sistema de pagamento pode ser utilizado em sítios de comércio eletrónico onde são efectuadas grandes quantidades de transacções, de modo a que os pagamentos possam ser efectuados com rapidez e segurança. Pode ajudar a melhorar o sector bancário, reduzindo as possibilidades de pirataria de contas, e também não haverá necessidade de ter qualquer tipo de cartão de crédito/débito, bastando uma carteira eletrónica.

LII. METODOLOGIA

Uma vez que os cartões de crédito/débito têm muitos inconvenientes, pode utilizar um sistema de cadeia de blocos baseado no código QR para aumentar a segurança e a privacidade. Neste projeto, a tecnologia de cadeia de blocos é utilizada em conjunto com asp.net core e c#, através da qual os pagamentos podem ser efectuados com um código QR e todas as transacções podem ser rastreadas na cadeia de blocos.

Em primeiro lugar, começamos com a criação da interface de utilizador da cadeia de blocos, seguida de uma aplicação Web de cadeia de blocos totalmente funcional em que as transacções são armazenadas na cadeia de blocos.

Em seguida, criamos um sítio de comércio eletrónico que consistirá em conteúdos digitais bloqueados através de um código QR e que podem ser desbloqueados mediante o pagamento de uma certa quantia de moedas. Em seguida, o sistema de pagamento do comércio eletrónico é ligado à cadeia de blocos para aumentar a segurança. Segue-se a criação de uma carteira móvel utilizando Xamarin, através da qual são efectuados os pagamentos.

As fases iniciais da construção da aplicação cliente da cadeia de blocos envolvem várias tarefas, como a geração de chaves públicas/privadas, que são basicamente utilizadas para identificar um utilizador de forma exclusiva, a implementação da carteira e a aplicação Web.

A página de visualização de transacções é criada para acompanhar todas as tarefas em curso e a implementação do consenso e do mineiro, utilizando a regra da cadeia mais longa, o que significa que quem minar primeiro introduzirá a transação no bloco, a fim de evitar conflitos na cadeia de blocos, fluxos globais, etc.

Segue-se o site de comércio eletrónico, no qual implementaremos o signalR, que é basicamente uma biblioteca para asp.net que permite que o código do servidor envie notificações assíncronas para aplicações Web cliente. Em seguida, adicione a página de desbloqueio de vídeo.

A página do gerador de código QR será criada e, por fim, será feita a implementação da API de pagamento. Depois, no desenvolvimento da carteira móvel, será feito todo o trabalho relacionado com o código xaml. Por fim, todos os projectos funcionarão em conjunto, tornando-o um projeto completo.

Desta forma, todas as transacções se tornarão transparentes e, mesmo que haja uma violação de dados, os problemas podem ser resolvidos num instante. Além disso, não precisa de guardar os cartões de crédito/débito nem de os utilizar. As transacções com moedas são muito mais rápidas e seguras em comparação com o método normal de pagamento com cartão. Este método pode ser implementado não só em sítios de comércio eletrónico, mas também no sector bancário, no sector financeiro, etc.

A utilização da cadeia de blocos juntamente com esta plataforma acrescenta mais eficiência, uma vez que a cadeia de blocos é um livro-razão distribuído descentralizado que não tem qualquer autoridade central a controlá-lo e também é imutável, o que significa que uma vez que a transação ou os dados introduzidos não podem ser modificados

Diagrama de casos de uso

Um diagrama de casos de utilização, na sua forma mais simples, é uma representação da interação de um utilizador com o sistema que mostra a relação entre o utilizador e os diferentes casos de utilização em que o utilizador está envolvido. Neste projeto, os actores envolvidos são o cliente e o proprietário/administrador do sítio de comércio eletrónico.

No diagrama de casos de utilização acima, o cliente utiliza a moeda criptográfica para comprar conteúdos digitais e o proprietário do sítio de comércio eletrónico utiliza o código QR, que é utilizado para bloquear os conteúdos digitais e receber as moedas/montante. Para comprar o conteúdo, o cliente tem apenas de digitalizar o código QR e enviar o montante adequado, uma vez que o vídeo só é desbloqueado após a transação.

Após o pagamento bem sucedido, o cliente pode ver o conteúdo imediatamente e também instantaneamente o montante será transferido para o proprietário e toda a transação é registada na cadeia de blocos

O diagrama de actividades é outro diagrama importante da UML para descrever os aspectos dinâmicos do sistema. O diagrama de actividades é basicamente um fluxograma para representar o fluxo de uma atividade para outra atividade. A atividade pode ser descrita como uma operação do sistema. O fluxo de controlo é desenhado de uma operação para outra.

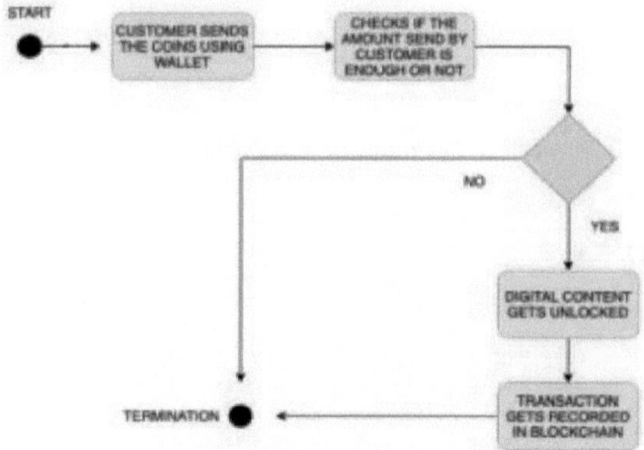

Diagrama de actividades

O diagrama de actividades representa todo o processo envolvido no projeto, representado em termos de actividades, em que começa com o cliente a enviar as moedas utilizando a carteira e, em seguida, verifica se a quantidade suficiente é enviada ou não. Se não for enviada, o processo é terminado, se for enviada, o conteúdo digital é desbloqueado e a transação final é registada na cadeia de blocos.

Um diagrama de sequência mostra as interacções entre objectos organizadas em sequência temporal. Descreve os objectos e classes envolvidos no cenário e a sequência de mensagens trocadas entre os objectos necessários para realizar a funcionalidade do cenário. A principal utilização deste diagrama é saber como e por que ordem os objectos de um sistema são utilizados. A figura seguinte representa o diagrama de sequência de um cliente chamado Joe que tenta comprar conteúdos digitais num sítio de comércio eletrónico.

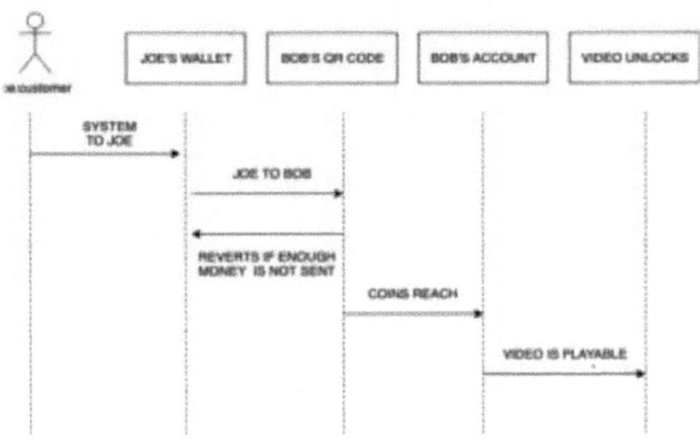

Diagrama de sequência

Liii. ARQUITETURA

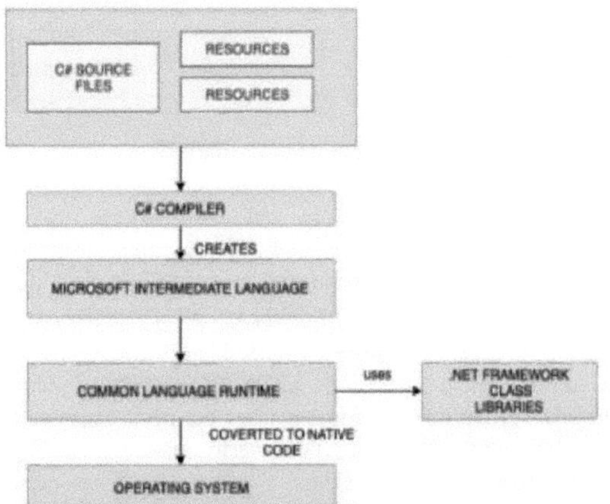

A partir da figura, primeiro são obtidos os ficheiros c#, que são depois passados para o compilador c# e, em seguida, convertidos em código MSIL, ou seja, linguagem intermédia da Microsoft, seguindo-se a utilização do tempo de execução da linguagem comum, que utiliza as bibliotecas de classes do trabalho de estrutura .net. Depois de passar por todas estas diferentes fases, é convertido em código nativo e vai para o sistema operativo. É assim que o asp.net e o c# funcionam em conjunto. Como estamos a utilizar o núcleo do asp.net, existe uma capacidade de plataforma cruzada, o que significa que pode ser executado no sistema Windows, bem como no Mac OS, etc.

Segue-se o armazenamento das transacções envolvidas na cadeia de blocos.

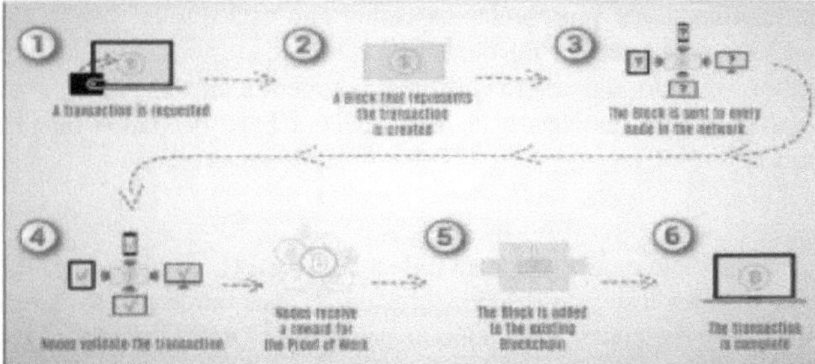

A cadeia de blocos envolve determinados processos que têm de ser executados para completar o processo. Primeiro, a transação é solicitada pelo utilizador ao sistema e, em seguida, é criado um bloco que representa a transação, uma vez que a cadeia de blocos segue um mecanismo de consenso que consiste basicamente em sincronizar os dados entre todos os nós presentes no sistema, sendo o bloco enviado para todos os nós da rede. A cadeia de blocos é também tolerante a falhas, uma vez que, mesmo que alguém tente alterar um nó, todos os outros nós têm também de ser alterados. Como não existe uma autoridade central que controle a cadeia de blocos, os nós validam a transação. Os nós recebem uma recompensa pela prova de trabalho, que é basicamente o montante atribuído aos mineiros. Em seguida, o bloco é adicionado à cadeia de blocos existente, seguindo a regra da cadeia mais longa. Após a conclusão de todos estes processos, a transação é concluída

O utilizador digitaliza o código QR e paga o montante necessário para desbloquear o vídeo, uma vez concluídas as transacções, este fica pronto para ser extraído. Uma vez mineradas, as transacções são armazenadas na cadeia de blocos, como se mostra na Figura . Isto torna as transacções imutáveis e aumenta a segurança

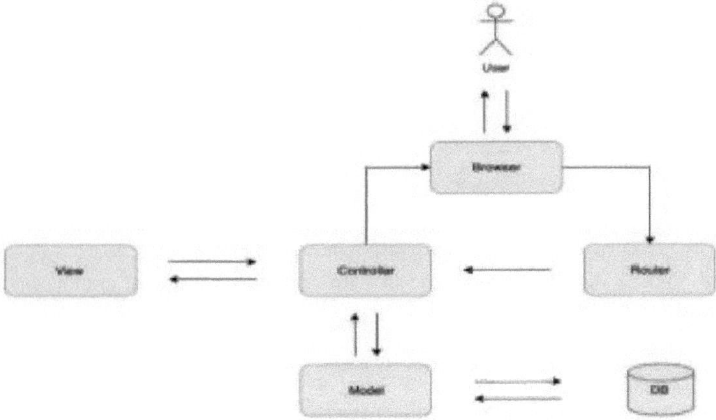

O componente Model corresponde a toda a lógica relacionada com os dados com que o utilizador trabalha. Pode representar os dados que estão a ser transferidos entre os componentes View e Controller ou quaisquer outros dados relacionados com a lógica empresarial. Por exemplo, um objeto Customer recupera a informação do cliente da base de dados, manipula-a e actualiza-a de volta para a base de dados ou utiliza-a para renderizar dados.

O componente View é utilizado para toda a lógica de IU da aplicação. Por exemplo, a vista Cliente incluirá todos os componentes da IU, tais como caixas de texto, menus pendentes, etc., com os quais o utilizador final interage. Os controladores actuam como uma interface entre os componentes Model e View para processar toda a lógica comercial e os pedidos recebidos, manipular os dados utilizando o componente Model e interagir com as Views para apresentar o resultado final, como se mostra na Figura Por exemplo, o controlador Customer tratará todas as interacções e entradas da View Customer e actualizará a base de dados utilizando o Model Customer. O mesmo controlador será utilizado para visualizar os dados do cliente.

ASP.NET MVC

O ASP.NET suporta três modelos de desenvolvimento principais: Páginas Web, Formulários Web e MVC (Model View Controller). A estrutura ASP.NET MVC é uma estrutura de apresentação leve e altamente testável que está integrada com as funcionalidades ASP.NET existentes, como páginas principais, autenticação, etc. No .NET, esta estrutura é definida no conjunto System.Web.Mvc. A versão mais recente da estrutura MVC é a 5.0. Utilizamos o Visual Studio para criar aplicações ASP.NET MVC que podem ser adicionadas como modelo no Visual Studio.

O ASP.NET MVC fornece os seguintes recursos -
1. Ideal para desenvolver aplicações complexas mas leves.
2. Fornece uma estrutura extensível e conectável, que pode ser facilmente substituída e personalizada. Por exemplo, se não quiser utilizar o motor de visualização Razor ou ASPX incorporado, pode utilizar quaisquer outros motores de visualização de terceiros ou mesmo personalizar os existentes.

3. Utiliza a conceção da aplicação baseada em componentes, dividindo-a logicamente em componentes Modelo, Vista e Controlador. Isto permite aos programadores gerir a complexidade de projectos de grande escala e trabalhar em componentes individuais.
4. A estrutura MVC melhora o desenvolvimento orientado para os testes e a testabilidade da aplicação, uma vez que todos os componentes podem ser concebidos com base na interface e testados utilizando objectos simulados. Por conseguinte, o ASP.NET MVC Framework é ideal para projectos com uma grande equipa de programadores Web.
5. Suporta todas as vastas funcionalidades ASP.NET existentes, tais como Autorização e Autenticação, Páginas Mestras, Ligação de Dados, Controlos de Utilizador, Associações, Encaminhamento ASP.NET, etc.
6. Não utiliza o conceito de View State (que está presente no ASP.NET). Isto ajuda a criar aplicações, que são leves e dão controlo total aos programadores.

7. Assim, pode considerar a estrutura MVC como uma estrutura principal construída sobre o ASP.NET que fornece um grande conjunto de funcionalidades adicionais centradas no desenvolvimento e nos testes baseados em componentes

LIV. **RESULTADOS**

O primeiro utilizador recebe algumas moedas, ou seja, 50 neste caso, e assim que o bloco é extraído, a transação fica registada na cadeia de blocos. O botão "mine" no topo é utilizado para adicionar as transacções dentro do bloco, como se mostra na Figura . Aqui, o destinatário representa o endereço do utilizador, o remetente é o próprio sistema, pelo que é representado por um zero, o montante é o montante enviado pelo sistema ao utilizador. Também contém informações sobre o momento em que a transação foi extraída, com data e hora completas, juntamente com o número do bloco.

Toda esta parte da interface de utilizador da cadeia de blocos é utilizada para compreender completamente os principais processos da cadeia de blocos, que são o registo das transacções, o processo de extração e a forma como os dados são armazenados.

A mineração significa aqui a adição de transacções ao registo de transacções existente na cadeia de blocos distribuído por todos os utilizadores de uma cadeia de blocos e envolve também a criação de um bloco de hash de transacções que não pode ser facilmente falsificado, protegendo a integridade de todo o sistema da cadeia de blocos.

O gerador de carteiras é utilizado para criar uma carteira de criptomoedas que é única para cada utilizador, como mostra a Figura . Basicamente, é utilizado para gerar uma chave pública e uma chave privada. A chave pública é partilhada entre todos, uma vez que é utilizada para receber os activos e a chave privada é mantida em segredo e é utilizada para enviar os activos. O botão "generate wallet" (gerar carteira), na parte superior, é utilizado para gerar uma nova carteira sempre que é premido. Neste projeto específico, o botão "generate wallet" é utilizado para efetuar transacções entre o utilizador e o sítio de comércio eletrónico.

A página de transacções da carteira, que faz parte da interface do utilizador da cadeia de blocos, é utilizada para obter todo o histórico de transacções efectuadas por uma determinada pessoa a partir da criação de transacções. O destinatário representa a pessoa a quem enviámos o montante, o remetente representa o endereço das transacções. O destinatário representa a pessoa a quem enviámos o montante, o remetente representa o endereço do remetente e o montante representa o total de moedas envolvidas na transação.

O remetente e o montante representam o total de moedas envolvidas na transação. da carteira até à hora atual, como mostra a Figura . Para obter os detalhes da transação, só temos de colar a nossa chave pública e tudo.

Esta caraterística aumentará a transparência das transacções e, como todo o livro-razão é mantido, há menos probabilidades de fraude. Para obter todas as transacções relacionadas com uma determinada conta, tem de introduzir uma chave pública. Uma vez introduzida a chave pública, todas as transacções a ela associadas são apresentadas por baixo, em forma de tabela. São apresentados o endereço do destinatário, o endereço do remetente e o montante envolvido na transação. A chave pública de 64 bits é apresentada como endereço, a fim de garantir a privacidade e a transparência

O botão "Gerar transação" é utilizado para efetuar a transação com as credenciais fornecidas, como se mostra na Figura . O endereço do remetente refere-se à pessoa que pretende enviar uma determinada quantidade de moedas para o destinatário. A chave privada do remetente é a chave que é utilizada para enviar os activos a outra pessoa e que deve ser mantida em segredo. As taxas de mineração representam as taxas que temos de pagar para realizar cada transação e adicionar essa transação específica à cadeia de blocos.

A visualização do conteúdo digital que está bloqueado com a ajuda do código QR. Esta é a parte principal do sítio de comércio eletrónico que envolve os vídeos bloqueados que podem ser desbloqueados utilizando o código QR. Este vídeo em particular pode ser desbloqueado enviando três moedas para o sítio de comércio eletrónico através do código QR com a ajuda da carteira móvel. Assim que o pagamento for efectuado, o vídeo será desbloqueado e o conteúdo digital poderá ser visualizado. Neste bloco em particular, que é o bloco de génese ou o bloco inicial, está representada uma transação de 50 dólares do sistema para o mineiro ou para o utilizador e aqui o nonce é utilizado pelo mineiro para extrair novos blocos.

A carteira móvel é utilizada para efetuar pagamentos com a ajuda de um leitor de código QR. É constituída por três janelas. Na primeira janela, o utilizador tem de introduzir as credenciais, que são a chave privada e a chave pública, e guardar os dados para poder efetuar quaisquer transacções.

A segunda janela, que é a janela principal, é utilizada para efetuar os pagamentos através da leitura do código QR. Nesta secção, tem de digitalizar o código QR e introduzir o montante a enviar. Depois de introduzir os dados, basta clicar em pagar para prosseguir com a transação. É uma aplicação através da qual poderá digitalizar o código QR e desbloquear o conteúdo digital.

A terceira janela consiste nas informações sobre a transação, que incluem o total de moedas recebidas, o número total de moedas deduzidas durante o envio e o saldo restante na conta. Além disso, o livro de registo das transacções também é mantido.

LV. CONCLUSÃO E ÂMBITO FUTURO

A utilização da tecnologia de cadeia de blocos no comércio eletrónico melhora a segurança e reduz as fraudes, reforçando assim a confiança do utilizador. O armazenamento das transacções na cadeia de blocos também aumenta a segurança, uma vez que uma vez introduzidas não podem ser alteradas.

Além disso, tudo o que acontece na cadeia de blocos será transparente. Para além de garantir a segurança, a velocidade do sistema de pagamento através da moeda criptográfica é muito rápida e precisa. Basta digitalizar o endereço de destino utilizando a carteira móvel para efetuar a transferência das moedas. Além disso, não precisa de levar o cartão de crédito para todo o lado, uma vez que a carteira móvel é suficiente para efetuar pagamentos.

Embora o projeto tenha muitas vantagens, existe uma limitação. O pagamento é feito com a ajuda de criptomoedas. Atualmente, muitas pessoas não sabem o que são as criptomoedas e como funcionam. Isto torna o sistema de pagamento difícil de adaptar.

No futuro, é possível ultrapassar esta limitação efectuando os pagamentos com a ajuda de moedas fiduciárias como a rupia, o dólar americano, etc., de modo a atrair uma grande população para o sistema de pagamento baseado na cadeia de blocos

CAPÍTULO 6: HYPERLEDGER FABRIC

O Hyperledger não é uma cadeia de blocos, mas é um projeto que foi iniciado pela Linux Foundation em dezembro de 2015 para fazer avançar a tecnologia de cadeia de blocos. Este projeto é um esforço de colaboração dos seus membros para criar uma estrutura de livro-razão distribuído de código aberto que possa ser utilizada para desenvolver e implementar aplicações e sistemas de cadeia de blocos entre sectores. O principal objetivo é desenvolver e executar plataformas que suportem transacções comerciais globais. O projeto também se centra na melhoria da fiabilidade e do desempenho dos sistemas de cadeias de blocos. Os projectos no âmbito do Hyperledger passam por várias fases de desenvolvimento, desde a proposta até à incubação, passando por um estado ativo. Os projectos podem também ser descontinuados ou estar em fim de vida, deixando de ser desenvolvidos ativamente. Para que um projeto possa passar à fase de incubação, tem de ter uma base de código totalmente funcional, juntamente com uma comunidade ativa de programadores.

Projectos no âmbito do Hyperledger - Existem duas categorias de projectos no âmbito do Hyperledger. A primeira são os projectos de cadeias de blocos e a segunda categoria são as ferramentas ou módulos relevantes que suportam estas cadeias de blocos. Atualmente, existem cinco projectos de estrutura de cadeia de blocos sob a alçada do Hyperledger: Fabric, Sawtooth Lake, Iroha, Burrow e Indy. Em termos de módulos, existem o Hyperledger Cello, o Hyperledger Composer, o Hyperledger Explorer e o Hyperledger Quilt. O projeto Hyperledger tem atualmente mais de 200 organizações associadas e é muito ativo com muitos colaboradores, com encontros e palestras regulares organizados em todo o mundo. Segue-se uma breve introdução de todos estes projectos, após a qual veremos mais detalhes sobre a conceção, arquitetura e implementação do Fabric e do Sawtooth Lake.

LVI. Tecido Hyperledger

The fabric é a contribuição feita inicialmente pela IBM e pela Digital Assets para o projeto Hyperledger. Esta contribuição tem como objetivo permitir uma abordagem modular, aberta e flexível para a construção de redes blockchain. Várias funções no fabric são conectáveis e também permite o uso de qualquer linguagem para desenvolver contratos inteligentes. Esta funcionalidade é possível porque se baseia na tecnologia de contentores (Docker), que pode alojar qualquer linguagem. O código da cadeia é colocado numa caixa de areia num contentor seguro, que inclui um sistema operativo seguro, a linguagem do código da cadeia, um ambiente de execução e SDKs para Go, Java e Node.js. Outras linguagens também podem ser suportadas no futuro, se necessário, mas precisa de algum trabalho de desenvolvimento. Os contratos inteligentes são designados por código em cadeia no tecido. Esta capacidade é uma caraterística interessante em comparação com as linguagens específicas do domínio no Ethereum, ou a linguagem de script limitada no Bitcoin. É uma rede autorizada que tem como objetivo abordar questões como a escalabilidade, a privacidade e a confidencialidade. A ideia fundamental por detrás disto é a modularização, que permitiria flexibilidade na conceção e implementação da cadeia de blocos empresarial. Isto pode então resultar na obtenção de escalabilidade, privacidade e outros atributos desejados e ajustá-los de acordo com os requisitos. As transacções no tecido são privadas, confidenciais e anónimas para os utilizadores em geral, mas ainda podem ser rastreadas e ligadas aos utilizadores por auditores autorizados. Sendo uma rede autorizada, todos os participantes têm de estar registados nos serviços de adesão para aceder à rede de cadeias de blocos. Este livro-razão também forneceu a funcionalidade de auditabilidade para satisfazer as necessidades regulamentares e de conformidade exigidas pelo utilizador.

LVII. Arquitetura do Hyperledger Fabric

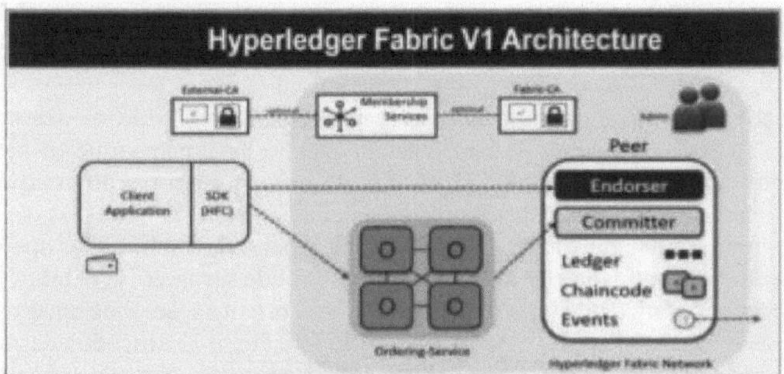

Arquitetura do Hyperledger Fabric V1

Os pares participam na manutenção do estado do registo distribuído. Também detêm uma cópia local do livro-razão distribuído. Os pares comunicam através do protocolo gossip. Existem três tipos de pares na rede Hyperledger Fabric:

1. **Pares endossantes** ou endossadores que simulam a execução da transação e geram um conjunto leitura-escrita. A leitura é uma simulação da leitura de dados do livro-razão por parte da transação e a escrita é o conjunto de actualizações que seriam feitas no livro-razão se e quando a transação for executada e confirmada no livro-razão. Os endossantes executam e endossam transacções. Note-se que um endossante é também um committer. As políticas de endosso são implementadas com código de cadeia e especificam as regras para o endosso de transacções.

2. **Pares de compromisso** ou committers que recebem transacções endossadas por endossantes, verificam-nas e depois actualizam o livro-razão com o conjunto de leitura e escrita. Um committer verifica o conjunto de leitura-escrita gerado pelos endossantes juntamente com a validação da transação.

3. **Submitters** é o terceiro tipo de pares que ainda não foi implementado. Está no roteiro de desenvolvimento e será implementado

Nós ordenadores - Os nós ordenadores recebem transacções dos endossantes juntamente com conjuntos de leitura-escrita, organizam-nas numa sequência e enviam-nas para os pares de confirmação. Os pares de compromisso efectuam então a validação e o compromisso com o livro-razão. Todos os pares utilizam certificados emitidos por serviços de adesão.

Clientes - Os clientes são software que utiliza APIs para interagir com o Hyperledger Fabric e propor transacções.

Canais - Os canais permitem o fluxo de transacções confidenciais entre diferentes partes na rede. Permitem a utilização da mesma rede blockchain, mas com blockchains separadas. Os canais permitem que apenas os membros do canal vejam a transação relacionada com eles, todos os outros membros da rede não poderão ver as transacções. **Transacções** - As mensagens de transação podem ser divididas em dois tipos: transacções de implementação e transacções de invocação. A primeira é utilizada para implementar um novo código de cadeia no livro-razão, e a segunda é utilizada para chamar funções do contrato inteligente. As transacções podem ser públicas ou confidenciais. As transacções públicas são abertas e estão disponíveis para todos os participantes, enquanto as transacções confidenciais são visíveis apenas num canal aberto aos seus participantes

LVIII. Serviços dos membros

Estes serviços são utilizados para fornecer capacidade de controlo de acesso para os utilizadores da rede de malha. A lista a seguir mostra as funções que os serviços de associação executam Verificação da identidade do usuário Registro do usuário Atribuir permissões apropriadas aos usuários dependendo de suas funções Os serviços de associação usam uma autoridade de certificação para dar suporte a operações de gerenciamento de identidade e autorização. Esta CA pode ser interna (Fabric CA), que é uma interface predefinida no Hyperledger Fabric, ou a organização pode optar por utilizar uma autoridade de certificação externa. A Fabric CA emite certificados de registo (E-Certs), que são produzidos pela autoridade de certificação de registo (E-CA). Assim que os pares recebem uma identidade, são autorizados a juntar-se à rede de cadeia de blocos. Também são emitidos certificados temporários denominados TCerts, que são utilizados para transacções únicas. Todos os pares e aplicações são identificados através da autoridade de certificação. O serviço de autenticação é fornecido pela autoridade de certificação. Os MSP podem também interagir com serviços de identidade existentes, como o LDAP. O MSP é um componente modular que é utilizado para gerir identidades na rede blockchain. Este fornecedor é utilizado para autenticar os clientes que pretendem aderir à rede de cadeias de blocos. Discutimos a autoridade de certificação com algum detalhe anteriormente neste capítulo. A CA é utilizada no MSP para fornecer verificação de identidade e serviço de ligação.

LIX. Projectos Hyperledger - Tecido

Fabric - O Fabric é um projeto de cadeia de blocos que foi proposto pela **IBM** e pela **DAH (Digital Asset Holdings)**. Esta implementação de estrutura de cadeia de blocos destina-se a fornecer uma base para o desenvolvimento de soluções de cadeia de blocos com uma arquitetura modular. Baseia-se numa arquitetura conectável em que vários componentes, como o motor de consenso e os serviços de adesão, podem ser ligados ao sistema conforme necessário. Também utiliza a tecnologia de contentores, que é utilizada para executar contratos inteligentes num ambiente isolado. Atualmente, o seu estatuto é ativo e é o primeiro projeto a passar do estado de incubação para o estado ativo. **Sawtooth lake** - O Sawtooth Lake é um projeto de cadeia de blocos proposto pela Intel em abril de 2016, com algumas inovações fundamentais centradas na dissociação entre os registos e as transacções, na utilização flexível em múltiplas áreas de negócio através de famílias de transacções e no consenso conectável. O desacoplamento pode ser explicado mais precisamente dizendo que as transacções são desacopladas da camada de consenso através da utilização de um novo conceito designado por famílias de transacções. Em vez de as transacções serem acopladas individualmente ao livro-razão, são utilizadas famílias de transacções, o que permite uma maior flexibilidade, uma semântica rica e uma conceção aberta da lógica empresarial. As transacções seguem os padrões e estruturas definidos nas famílias de transacções. Alguns dos elementos inovadores introduzidos pela Intel incluem um novo algoritmo de consenso abreviado como PoET, Proof of Elapsed Time (Prova de tempo decorrido), que utiliza o Trusted Execution Environment (TEE) fornecido pelo Intel Software Guard Extensions (Intel SGX) para fornecer um processo de eleição de líder seguro e aleatório. Também suporta configurações com e sem permissão

Iroha - O Iroha foi contribuído pela Soramitsu, Hitachi, NTT Data e Colu em setembro de 2016. O objetivo do Iroha é criar uma biblioteca de componentes reutilizáveis que os utilizadores podem escolher para executar em

O objetivo principal do Iroha é complementar outros projectos Hyperledger, fornecendo componentes reutilizáveis escritos em C++ com ênfase no desenvolvimento móvel. Este projeto também propôs um novo algoritmo de consenso chamado **Sumeragi**, que é um algoritmo de consenso bizantino tolerante a falhas baseado em cadeias. Várias bibliotecas foram propostas e estão a ser trabalhadas pelo Iroha, incluindo mas não se limitando a uma biblioteca de assinatura digital (ed25519), uma biblioteca de hashing SHA-3, uma biblioteca de serialização de transacções, uma biblioteca P2P, uma biblioteca de servidor API, uma biblioteca iOS, uma biblioteca Android e uma biblioteca JavaScript.

Burrow - Este projeto encontra-se atualmente em estado de incubação. O Hyperledger Burrow foi contribuído pela Monax, que desenvolve plataformas de desenvolvimento e implementação de cadeias de blocos para empresas. O Hyperledger Burrow apresenta uma plataforma modular de cadeia de blocos e um ambiente de execução de contratos inteligentes baseado na Máquina Virtual Ethereum (EVM). A Burrow utiliza um mecanismo de consenso de prova de participação, tolerante a falhas bizantinas, do tipo Tender mint. Como resultado, o Burrow proporciona um elevado rendimento e a finalidade da transação.

Indy - Este projeto está em incubação no âmbito do Hyperledger. Indy é um livro-razão distribuído desenvolvido para construir uma identidade descentralizada. Fornece ferramentas, bibliotecas de utilitários e módulos que podem ser usados para construir identidades digitais baseadas em blockchain. Estas identidades podem ser utilizadas em várias cadeias de blocos, domínios e aplicações. O Indy tem o seu próprio registo distribuído e utiliza a Tolerância a Falhas Bizantinas Redundantes (RBFT) para consenso.

LX. Cadeias de blocos alternativas - Ripple

Introduzido em 2012, o Ripple é um sistema de câmbio de moedas e de liquidação bruta em tempo real. No Ripple, os pagamentos são liquidados sem qualquer espera, ao contrário das redes de liquidação tradicionais, onde a liquidação pode demorar dias. Tem uma moeda nativa chamada **Ripples (XRP)**. Também suporta pagamentos não XRP. Este sistema é considerado semelhante a um antigo mecanismo tradicional de transferência de dinheiro conhecido como Hawala. Este sistema funciona através da utilização de agentes que recebem o dinheiro e uma palavra-passe do remetente, contactam o agente do beneficiário e dão-lhe instruções para libertar fundos para a pessoa que pode fornecer a palavra-passe. O beneficiário contacta então o agente local, indica-lhe a palavra-passe e recolhe os fundos. Uma analogia com o agente é a porta de entrada no Ripple. A rede Ripple é composta por vários nós que podem desempenhar funções diferentes consoante o seu tipo:

Nós utilizadores: Estes nós são utilizados nas operações de pagamento e podem pagar ou receber pagamentos.

Nós validadores: Estes nós participam no mecanismo de consenso. Cada servidor mantém um conjunto de nós únicos, que precisa de consultar para chegar a um consenso. Nós no conjunto de nós **únicos**

A Lista de Nós (UNL) tem a confiança do servidor envolvido no mecanismo de consenso e aceitará votos apenas desta lista de nós únicos. Por vezes, a Ripple não é considerada uma rede verdadeiramente descentralizada, uma vez que existem operadores de rede e reguladores envolvidos. No entanto, pode ser considerada descentralizada devido ao facto de qualquer pessoa poder fazer parte da rede executando um nó validador. Além disso, o processo de consenso também é descentralizado porque quaisquer alterações propostas para o livro-razão têm de ser decididas seguindo um esquema de votação por super maioria. No entanto, este é um tema quente entre investigadores e entusiastas e há argumentos contra e a favor de cada escola de pensamento. Existem algumas discussões online que os leitores podem consultar para explorar melhor estas ideias. O Ripple mantém um livro-razão globalmente distribuído de todas as transacções que são regidas por um novo algoritmo de consenso de baixa latência chamado **Ripple Protocol Consensus Algorithm (RPCA)**.

O processo de consenso funciona através da obtenção de um acordo sobre o estado de um livro-razão aberto que contém transacções, procurando a verificação e aceitação de servidores de validação de uma forma iterativa até ser alcançado um número adequado de votos. Assim que forem recebidos votos suficientes (uma super maioria, inicialmente 50% e aumentando gradualmente a cada iteração até pelo menos 80%), as alterações são validadas e o livro-razão é fechado. Nesta altura, é enviado um alerta a toda a rede indicando que o livro-razão está fechado:

Fase de recolha: Nesta fase, os nós de validação reúnem todas as transacções difundidas na rede pelos proprietários das contas e validam-nas. As transacções, uma vez aceites, são chamadas transacções candidatas e podem ser aceites ou rejeitadas com base nos critérios de validação.

Fase de consenso: Após a fase de recolha, inicia-se o processo de consenso e, depois de o conseguir, o livro de registos é **fechado**.

Fase de fecho do ledger: Este processo é executado de forma assíncrona a cada poucos segundos em rondas e, como resultado, o livro-razão é aberto e fechado (atualizado) em conformidade: Numa rede Ripple, há uma série de componentes que trabalham em conjunto para obter consenso e formar uma rede de pagamentos. Estes componentes são aqui analisados individualmente:

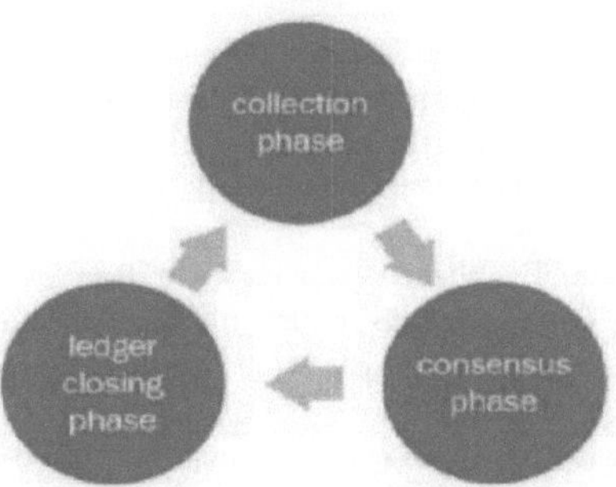

Fases do protocolo de consenso Ripple

Servidor: Este componente serve como um participante no protocolo de consenso. O software do servidor Ripple é necessário para poder participar no protocolo de consenso.
Livro de registos: Este é o principal registo dos saldos de todas as contas na rede. Um ledger contém vários elementos, como o número do ledger, as definições da conta, as transacções, o carimbo de data/hora e uma bandeira que indica a validade do ledger.

1. **Último livro-razão fechado**: Um livro-razão é fechado quando o consenso é alcançado através da validação dos nós.
2. **Livro-razão aberto**: Trata-se de um livro-razão que ainda não foi validado e não se chegou a um consenso sobre o seu estado. Cada nó tem o seu próprio livro-razão aberto, que contém as transacções propostas.

   Lista de nós únicos: Trata-se de uma lista de nós únicos de confiança que um servidor de validação utiliza para procurar votos e subsequente consenso.

Proponente: Como o nome sugere, este componente propõe novas transacções a incluir no processo de consenso. É normalmente um subconjunto de nós (UNL definido no ponto anterior) que pode propor transacções ao servidor de validação.

LXI. Transacções

As transacções são criadas pelos utilizadores da rede para atualizar o livro-razão. Espera-se que uma transação seja assinada digitalmente e válida para que seja considerada como candidata no processo de consenso. Cada transação custa uma pequena quantidade de XRP, que serve como um mecanismo de proteção contra ataques de negação de serviço causados por spamming. Existem diferentes tipos de transacções na rede Ripple.
As transacções são executadas através de um processo em quatro etapas:

1. Em primeiro lugar, as transacções são preparadas através da criação de uma transação não assinada, seguindo as normas
2. O segundo passo é a assinatura, em que a transação é assinada digitalmente para a autorizar
3. Depois disso, a submissão efectiva à rede ocorre através do servidor ligado

4. Por fim, é efectuada a verificação para garantir que a transação é validada com êxito. Grosso modo, as transacções podem ser classificadas em três tipos, nomeadamente relacionadas com pagamentos, relacionadas com encomendas e relacionadas com contas e segurança. Todos estes tipos são descritos na secção seguinte

Pagamentos relacionados

Existem vários campos nesta categoria que resultam em determinadas acções. Todos estes campos são descritos a seguir:

Pagamento: Esta transação é a mais utilizada e permite a um utilizador enviar fundos para outro.

PaymentChannelClaim: É utilizado para reclamar Ripples (XRP) de um canal de pagamento. Um canal de pagamento é um mecanismo que permite pagamentos recorrentes e unidirecionais entre as partes. Também pode ser usado para definir o tempo de expiração do canal de pagamento.

PaymentChannelCreate: Esta transação cria um novo canal de pagamento e adiciona-lhe XRP em gotas. Uma única gota é equivalente a 0,000001 de um XRP.

PaymentChannelFund: Esta transação é utilizada para adicionar mais fundos a um canal existente. Tal como a transação PaymentChannelClaim, também pode ser utilizada para modificar o tempo de expiração do canal de pagamento.

LXII. Corda

O Corda não é uma cadeia de blocos por definição, porque não contém blocos de transacções agrupadas, mas insere-se na categoria de livros-razão distribuídos. Oferece todos os benefícios que uma cadeia de blocos pode oferecer. As soluções tradicionais de cadeia de blocos, tal como referido anteriormente, têm o conceito de transacções que são agrupadas num bloco e cada bloco está ligado criptograficamente ao seu bloco principal, o que proporciona um registo imutável das transacções. Este não é o caso do Corda. O Corda foi concebido inteiramente de raiz com um novo modelo para proporcionar todos os benefícios da cadeia de blocos, mas sem uma cadeia de blocos tradicional. Foi desenvolvido exclusivamente para o sector financeiro para resolver os problemas decorrentes do facto de cada organização gerir os seus próprios livros de registo e, por conseguinte, ter a sua própria visão da verdade, o que conduz a contradições e a riscos operacionais. Além disso, os dados também são duplicados em cada organização, o que resulta num aumento do custo de gestão das infra-estruturas individuais e da complexidade. Estes são os tipos de problemas no sector financeiro que o Corda pretende resolver através da construção de uma plataforma de base de dados descentralizada.

Arquitetura - Os principais componentes da plataforma Corda incluem objectos de estado, código de contrato, prosa legal, transacções, consenso e fluxos. Os objectos de estado representam a mais pequena unidade de dados que representa um acordo financeiro. São criados ou eliminados como resultado da execução de uma transação. Referem-se ao **código do contrato** e ao **texto jurídico**. A prosa jurídica é facultativa e confere carácter jurídico ao contrato. No entanto, o código do contrato é obrigatório para gerir o estado do objeto. É necessário para fornecer um mecanismo de transição de estado para o nó de acordo com a lógica empresarial definida no código do contrato. Os objectos de estado contêm uma estrutura de dados que representa o estado atual do objeto. Um objeto de estado pode ser atual (vivo) ou histórico (já não é válido). Por exemplo, no diagrama seguinte, um objeto de estado representa o estado atual do objeto. Neste caso, trata-se de um simples contrato simulado entre a **Parte A** e a **Parte B**, em que **a Parte ABC pagou** à **Parte XYZ 1 000 GBP**, o que representa o estado atual do objeto; no entanto, o código de contrato referido pode alterar o estado através de transacções. Os objectos de estado podem ser considerados como uma máquina de estados, que são consumidos por transacções para criar objectos de estado actualizados.

Transacções - As transacções são utilizadas para efetuar transições entre diferentes estados. Por exemplo, o objeto de estado mostrado no diagrama anterior é criado como resultado de uma transação. O Corda usa um modelo baseado em UTXO no estilo Bitcoin para seu processamento de transações. O conceito de transição de estado por transações é o mesmo que no Bitcoin. Semelhante ao Bitcoin, as transações podem ter nenhuma, uma ou várias entradas, e uma ou várias saídas. Todas as transacções são assinadas digitalmente. Além disso, o Corda não tem o conceito de mineração porque não utiliza blocos para organizar as transacções numa cadeia de blocos. Em vez disso, os serviços notariais são usados para fornecer a ordenação temporal das transacções. No Corda, podem ser desenvolvidos novos tipos de transação utilizando bytecode JVM, o que o torna muito flexível e poderoso.

Consenso - O modelo de consenso no Corda é bastante simples e é baseado em serviços de notário que são discutidos em uma seção posterior deste capítulo. A idéia geral é que as transações são avaliadas quanto à sua exclusividade pelo serviço de notário e, se forem exclusivas (isto é, entradas de transação exclusivas), elas são assinadas por serviços de consenso como válidas. Pode haver um ou vários serviços notariais agrupados em execução numa rede Corda. Vários algoritmos de consenso, como PBFT ou Raft, podem ser usados pelos notários para chegar a um consenso. Existem dois conceitos principais em relação ao consenso em Corda: **consenso sobre a validade do estado** e **consenso sobre a singularidade do estado**. O primeiro conceito diz respeito à validação da transação, garantindo que todas as assinaturas necessárias estão disponíveis e que os estados são apropriados. O segundo conceito é um meio de detetar ataques de gasto duplo e garante que uma transação não foi já gasta e é única.

Fluxos - Os fluxos no Corda são uma ideia nova que permite o desenvolvimento de fluxos de trabalho descentralizados. Toda a comunicação na rede Corda é gerida por estes fluxos. Estes são protocolos de construção de transações que podem ser usados para definir qualquer fluxo financeiro de qualquer complexidade usando código. Os fluxos funcionam como uma máquina de estado assíncrona e interagem com outros nós e utilizadores. Durante a execução, podem ser suspensos ou retomados conforme necessário.

Componentes - A rede Corda tem vários componentes. Todos estes componentes são descritos nas próximas secções.

Nós - Nós em uma rede Corda operada sob um modelo sem confiança e administrada por diferentes organizações. Os nós funcionam como parte de uma rede peer-to-peer autenticada.

Os nós comunicam diretamente entre si utilizando o Advanced Message Queuing Protocol (AMQP), que é uma norma internacional aprovada (ISO/IEC 19464) e garante que as mensagens entre diferentes nós são transferidas de forma segura e protegida. O AMQP funciona sobre o Transport Layer Security (TLS) no Corda, garantindo assim a privacidade e a integridade dos dados comunicados entre os nós, que também utilizam uma base de dados relacional local para armazenamento. As mensagens na rede são codificadas num formato binário compacto. São entregues e geridas utilizando o corretor de mensagens Apache Artemis (Active MQ). Um nó pode servir como um serviço de mapa de rede, notário, Oracle ou um nó normal. O diagrama seguinte mostra uma visão de alto nível de dois nós que comunicam entre si:

Dois nós a comunicar numa rede corda

No diagrama anterior, o **Nó 1** está a comunicar com o **Nó 2** através de um canal de comunicação TLS utilizando o protocolo AMQP, e os nós têm uma base de dados relacional local para armazenamento.

O serviço de autorização

Um serviço de autorização é utilizado para fornecer certificados TLS para segurança. Para poderem participar na rede, os participantes têm de ter uma identidade assinada emitida por uma autoridade de certificação de raiz. As identidades devem ser únicas na rede e o serviço de autorização é utilizado para assinar essas identidades. A convenção de nomes utilizada para reconhecer os participantes baseia-se na norma X.500. Isto garante a unicidade do nome.

Serviço de mapas de rede

Este serviço é utilizado para fornecer um mapa da rede sob a forma de um documento de todos os nós da rede. Este serviço publica endereços IP, certificados de identidade e uma lista de serviços oferecidos pelos nós. Todos os nós anunciam a sua presença registando-se neste serviço quando arrancam pela primeira vez e, quando um pedido de ligação é recebido por um nó, a presença do nó requerente é verificada primeiro no mapa da rede. Por outras palavras, este serviço resolve as identidades dos participantes em nós físicos.

Serviço notarial

Em uma blockchain tradicional, a mineração é usada para verificar a ordem dos blocos que contêm transações. No Corda, os serviços notariais são utilizados para fornecer serviços de ordenação de transacções e de registo de data e hora. Pode haver vários notários numa rede e eles são identificados por chaves públicas compostas. Os notários podem usar diferentes algoritmos de consenso, como BFT ou Raft, dependendo dos requisitos das aplicações. Os serviços notariais assinam as transacções para indicar a validade e a finalidade da transação, que é depois mantida na base de dados. Os notários podem ser executados numa configuração de carga equilibrada, a fim de distribuir a carga pelos nós por razões de desempenho; e, a fim de reduzir a latência, recomenda-se que os nós sejam executados fisicamente mais perto dos participantes na transação.

BIBLIOGRAFIA

[1]   C. Yang, Y. Chen, S. Chen e S. Wu, "Um modelo de negócio de comércio eletrónico fiável utilizando um sistema de classificação de produtos baseado em Blockchain", 2019 IEEE 4th International Conference on Big Data Analytics (ICBDA), pp. 341- 344, 2019.

[2]   K. Mayhew e W. Chen, "Blockchain - Can It Solve the Security Issues and Fraud Expenses for Credit Card Commerce?", IEEE 5th Intl Conference on Big Data Security on Cloud (Big Data Security), IEEE Intl Conference on High Performance and Smart Computing, (HPSC) e IEEE Intl Conference on Intelligent Data and Security (IDS), pp. 37-4, 2019.

[3]   Nanehkaran, Y.A, "An introduction to electronic commerce", Revista internacional de investigação científica e tecnológica, 2013.

[4]   Mohammed Ali, "How it takes 6 seconds to hack a credit card", actas da revista académica IEEE security and privacy, 2016.

[5]   V. Dudykevych, O. Bakay e Y. Lakh, "Investigation of Payment Cards systems information security control", IEEE 7th International Conference on Intelligent Data Acquisition and Advanced Computing Systems (IDAACS), pp. 651-654, 2013.

[6]   S. Goyal, S. Yadav e M. Mathuria, "Exploring concept of QR code and its benefits in digital education system" (Explorando o conceito de código QR e seus benefícios no sistema de educação digital) Conferência Internacional sobre Avanços em Computação, Comunicações e Informática (ICACCI), pp. 1141-1147, 2016.

[7]   J. Lee, C. Cho e M. Jun, "Secure quick response-payment (QR-Pay) system using mobile device", 13.ª Conferência Internacional sobre Tecnologias de Comunicação Avançadas (ICACT2011), pp. 1424-1427, 2011.

[8]   S. Singh e N. Singh, "Blockchain: Future of financial and cyber security," 2nd International Conference on Contemporary Computing and Informatics (IC3I), pp. 463-467, 2016.

[9]   Frey, Remo, Dominic Worner e Alexander Ilic. "Filtragem colaborativa no Blockchain: Um sistema de recomendação seguro para o comércio eletrónico". Vigésima segunda Conferência das Américas sobre Sistemas de Informação (AMCIS), 2016.

[10]   Walport, M. G. C. S. A. "Distributed ledger technology: Beyond blockchain". Gabinete de Ciência do Governo do Reino Unido, 2016.

[11]   Xingxiong Zhu, Qingsu He, Shanqi Guo, "Aplicação da tecnologia de cadeia de blocos no financiamento da cadeia de suprimentos", economia de circulação da China, 32 (03): 111119, 2018.

[12]   S. Pahlajani, A. Kshirsagar e V. Pachghare, "Survey on Private Blockchain Consensus Algorithms," ,1st International Conference on Innovations in Information and Communication Technology (ICIICT), pp.1-6, 2019.

[13]   Courtois e Nicolas, "The Longest Chain Rule and Programmed Self-Destruction of Crypto Currencies", 2014

[14]   F. A. Masoud, D. H. Halabi e D. H. Halabi, "ASP.NET e JSP Frameworks em Model View

Controller Implementation", 2006 2nd International Conference on Information & Communication Technologies, Damascus, 2006, pp. 3593-3598.

[15]   Belonick, Paul, "Transparency is the New Privacy: Blockchain's Challenge for the Fourth Amendment", 2019.

[16]   D. Vujicic, D. Jagodic e S. Randic, "Tecnologia Blockchain, bitcoin e Ethereum: A brief overview", 2018 17th International Symposium INFOTEH- JAHORINA (INFOTEH), East Sarajevo, pp. 1-6, 2018.

[17]   K. Vishal e A. S. Kushwaha, "Investigação sobre o desenvolvimento de aplicações móveis com base na plataforma Xamarin", 4.ª Conferência Internacional sobre Ciências da Computação (ICCS), Jalandhar, pp. 115-118, 2018.

[18]   K. Singh, N. Singh e D. Singh Kushwaha, "An Interoperable and Secure E-Wallet Architecture based on Digital Ledger Technology using Blockchain", Conferência Internacional sobre Tecnologias de Computação, Energia e Comunicação (GUCON), pp. 165-169, 2018.

[19]   Q. Liu e K. Li, "Método de transação de descentralização baseado na tecnologia Blockchain", Conferência Internacional de 2018 sobre Transportes Inteligentes, Big Data e Cidade Inteligente (ICITBS), pp. 416-419, 2018.

[20]   A. B. Popa, I. M. Stan e R. Rughin⅛ "Pagamento instantâneo e transações latentes no Ethereum Blockchain", 2018 17th RoEduNet Conference: Networking in Education and Research (RoEduNet), pp. 1-4, 2018

yes
I want morebooks!

Buy your books fast and straightforward online - at one of world's fastest growing online book stores! Environmentally sound due to Print-on-Demand technologies.

Buy your books online at
www.morebooks.shop

Compre os seus livros mais rápido e diretamente na internet, em uma das livrarias on-line com o maior crescimento no mundo! Produção que protege o meio ambiente através das tecnologias de impressão sob demanda.

Compre os seus livros on-line em
www.morebooks.shop

Printed by Books on Demand GmbH, Norderstedt / Germany